短篇小說冠冕

契訶夫

Anton Pavlovich Chekhov

悲劇以哀鳴粉碎表象，喜劇以歡聲完整哀悼，短篇小說與劇作的天才

用最歡惡呈現悲哀，用最苦痛寄託希望

世間百態現形篇籍，筆下驚風雨；
人生百感赤誠以待，心底無波瀾。

「要是命運狠心的欺負您跟我，那就不必跟它求情、對它叩頭，
而要看不起它、笑它，要不然它就會笑你。」——契訶夫

鄧韻如，郭豔紅 編著

目錄

目錄

序

安東‧帕夫洛維奇‧契訶夫（Антон Павлович Чехов，羅馬化：Anton Pavlovich Chekhov，1860～1904），俄國小說家、戲劇家、19世紀末期俄國批判現實主義作家、短篇小說藝術大師。1860年1月17日生於羅斯托夫省塔甘羅格市。

契訶夫出生於小市民家庭，父親的雜貨舖破產後，契訶夫隻身留在塔甘羅格，靠當家庭教師讀完中學。

1879年契訶夫進入莫斯科大學醫學系。1884年畢業後在茲威尼哥羅德等地行醫，並開始文學創作。他廣泛接觸平民和了解生活，這對他的文學創作有良好影響。

1890年4月至12月，體弱的契訶夫不辭辛勞、長途跋涉，去沙皇政府安置苦役犯和流刑犯的庫頁島遊歷，對那裡的所有居民「將近10,000個囚徒和移民」逐一進行調查。庫頁島之行提高了他的思考和創作意境，使他創作出表現重大社會課題的作品。

在1890年至1900年間，契訶夫曾去米蘭、威尼斯、維也納和巴黎等地療養和遊覽。從1892年起，他定居在新購置的莫斯科省謝爾普霍夫縣的梅利霍沃莊園並轉向戲劇創作。1898年，身患嚴重肺結核病的契訶夫遷居雅爾達。1901年他與莫斯科藝術劇院的演員奧爾加‧克尼碧爾結婚。

1890年代和20世紀初期是契訶夫創作的全盛時期。當時俄國的解放運動進入無產階級革命的新階段。在革命階級的激昂情緒激盪下，學生以及其他居民階層中的民主精神漸趨活躍。1904年7月2日契訶夫因肺病惡化而辭世。

序

　　契訶夫創造了一種風格獨特、言簡意賅、藝術精湛的抒情心理小說。他截取片段平凡的日常生活，憑藉精巧的藝術細節對生活和人物作真實描繪和刻劃，從中展示重要的社會內容。這種小說抒情氣味濃郁，抒發他對醜惡現實的不滿和對美好未來的嚮往，把褒揚和貶抑、歡悅和痛苦之情融化在作品的形象體系之中。

　　契訶夫早期作品多是短篇小說，〈胖子和瘦子〉、〈小公務員之死〉、〈苦惱〉、〈萬卡〉等，表現了小人物的不幸和軟弱、人民的悲慘生活和小市民的庸俗猥瑣。

　　契訶夫戲劇創作的題材、傾向和風格與他的抒情心理小說基本相似。他不追求離奇曲折的情節，他描寫平凡的日常生活和人物，從中揭示社會生活的某一重要問題。在契訶夫創作的劇作中，具有十分豐富的潛臺詞和濃郁的抒情味，他作品中所表現的現實主義，具有強大的鼓舞力量和深刻的象徵意義。

　　契訶夫的代表作〈變色龍〉、〈套中人〉堪稱俄國文學史上精湛而完美的藝術珍品。前者成為見風使舵、擅於變相、投機鑽營者的代名詞；後者成為因循守舊、畏首畏尾、害怕變革者的符號象徵。契訶夫以卓越的諷刺幽默才華為世界文學人物畫廊中增添了兩個不朽的藝術形象。

　　契訶夫在世界文學史上占有自己的位置。他以短篇小說和法國的莫泊桑、美國的歐·亨利並稱為「世界三大短篇小說巨匠」。歐美許多作家都肯定了契訶夫的創作對 20 世紀世界文學的影響。

老闆的兒子像學徒

1860 年 1 月 17 日，安東‧帕夫洛維奇‧契訶夫誕生於俄國南方亞速海沿岸的一個小鎮塔甘羅格。安東的愛稱叫安托沙。

契訶夫的祖輩是農民。他的祖父 —— 一個勤勞的農民，憑著勤儉積蓄了 3,500 盧布，他用這筆錢換得了一家 8 口人的自由。於是全家從佛索涅日省遷到了俄國南方。隨後，祖父在塔甘羅格附近的普拉托夫伯爵家做了田莊總管。

小鎮上有一條平靜、長滿青草的小街，叫修道院街。在夾道的兩排房子中間，有一所小小的兩層樓房，門口有一個牌子，牌子上寫著：

移民住宅 —— 巴‧葉‧契訶夫

上面標示的名字是安東‧契訶夫的父親巴維爾‧葉戈洛維奇‧契訶夫。

安托沙就在這所房子裡度過了他的童年。

在修道院街與集市街拐角處，有一個雜貨舖，門口掛著牌子：

出售茶葉、砂糖、咖啡及其他食品雜貨。

旁邊還有一塊牌子：

飲料就地暢飲或攜回，隨君任選。

老闆的兒子像學徒

這家店鋪是安托沙的父親開的，他也像安托沙的祖父一樣勤勞，把辛辛苦苦賺下的錢一點點積攢下來，終於有了自己的門市。

安托沙的母親歐尼·莫洛索娃是塔甘羅格城裡一個布商的女兒。婚後她改名為葉甫蓋尼亞·雅科甫列芙娜。

安托沙還有4個同胞兄弟和一個妹妹，分別是亞歷山大、尼古拉、伊凡、米舍爾和瑪麗雅。安托沙排行第三。

一轉眼安托沙9歲了，已經成為塔甘羅格語法學校一年級的學生。

這時，父親巴維爾已經變成一個脾氣暴躁、專橫的人。他一向認為，自己是按照上帝的旨意行事，與上帝有著特殊關係，因而給家裡規定了鐵的紀律。只要他提高嗓門，他的妻子和兒女們就都嚇得發抖。他一出現，每個人都感到自己可能有了什麼過錯。

哪怕他們無意中做錯了一件小事，巴維爾也會怒不可遏，舉著雙手罵個不停，接著便暴跳如雷，拳打腳踢，耳光像雨點一樣落下。他甚至還會捋起衣袖，掄起皮鞭。

每次挨完打，安托沙還得忍著屁股的疼痛，去吻父親那隻狠狠教訓過他的手。

其實，巴維爾對子女的這種懲罰並沒有惡意，他也幾乎從沒有真正發怒，只是以自己的方式愛護孩子，認為嚴厲一些對他們有好處。他的原則是：「小孩子要能吃苦，應該多受磨難。生活是不容易的，精神教育與棍棒是分不開的。只有責罵和痛打，才

能使這些沒有閱歷的孩子銘記神聖的真理。」

他還對妻子說：「我就是這樣被培養出來的。你看，這種辦法對我不是很有成效嗎？一個挨過打的抵得上兩個沒挨過打的。今天挨了打，日後他會感謝你的。」

巴維爾捨不得花更多錢，因此只僱了兩個農民的孩子安德留什卡和加甫留什卡做學徒，他們是兄弟倆。這樣一來，安托沙兄弟幾個就成了鋪子裡打雜的。

安托沙從 5 歲就開始站櫃檯、應酬顧客、收款、打算盤……，起先還覺得新鮮好玩，不久便成了負擔。

安托沙兄弟幾個每天醒來的第一個念頭就是：「今天會不會挨打？」

每天清晨 5 時，大哥亞歷山大、二哥尼古拉便會喊：「安托沙，起床了，快點！要開門營業了。」

安托沙還沒睡夠呢，他打了個呵欠，想偎在被窩裡再緩一下。突然，一隻大手揪著他的耳朵把他拽起來，隨後，身上就挨了兩腳。同時被大吼聲驚醒：「快起來，懶蟲！」

尤其是上了學之後，父親仍然要安托沙在晚上和假日照顧店鋪。這樣，他一下要稱乾酪，一下又要斟石蠟油，根本沒有時間專心讀書，作業也只有盡力偷閒應付。

有一次，安托沙和一位要好的同學閒聊，他向好友提出的第一個問題就是：「你在家裡時常挨揍嗎？」

對方很爽快地說：「不，我在家從來沒有挨過打。」

安托沙感到非常驚訝，並認為他是在撒謊。

老闆的兒子像學徒

從早至晚，安托沙盯著拉丁語法書，心裡卻在默默祈禱：但願這一天能平平安安地過去。

晚上，他回到家正準備做作業。這時，隨著一陣腳步聲，巴維爾走了進來：「安托沙，我有事出去，你到店裡去，不能出半點差錯。」

安托沙頓時眼裡含著眼淚，他小聲請求：「店裡太冷，我從學校出來一直在發抖。」

「沒關係，多穿點就不冷了！」

「我今天還有好多功課要看呢！」

「到店裡去嘛，我每天在櫃檯裡還能抽空讀兩章《聖詩》呢！你功課不好是因為自己偷懶、貪玩、不用心。快去吧，別磨蹭了！」

安托沙乖乖地放下筆，跟著父親出門。

到了店鋪，巴維爾吩咐安托沙站到櫃檯後面，自己在商店保護神的聖像前畫了幾次十字，然後邁著沉重的步伐走了出去，回頭把門關上。

安托沙擦著眼淚和鼻涕，坐在肥皂箱上，打開拉丁語法書，開始做作業。

安德留什卡兄弟蹦跳著取暖，與進進出出的顧客們討價還價。各種聲音在低低的天花板下面迴響著，吵得安托沙根本無法安心思考。

顧客有的到商店旁邊的一間小屋裡喝伏特加酒。有些常客把這個堆滿灰塵、不斷散發出臭味的地方當成他們的俱樂部。他們每晚都拿著酒瓶談天說地。

嚴寒漫長的冬夜慢慢深了，鋪子裡冷冷清清。安托沙伏在櫃檯上做功課。

由於父親催得急，安托沙沒來得及加衣服，只穿著一件又瘦又小的棉製服和一雙露出腳趾的皮套鞋。鋪子裡冷得像冰窖，他被凍得渾身發抖。

商店從早晨 5 時一直營業至晚上 23 時，而廁所搭在 1,000 公尺外的一片空地上。安托沙起身去廁所，卻迎面與一個流浪漢撞在一起，他大吃一驚，飛快地跑了回來。

這時候店裡沒有顧客，兩個小學徒凍得鼻子通紅，兩手烏青。他們縮著脖子，揣著手，不時地用一條腿磕打另一條腿，似乎這樣可以暖和一點。

又過了一下，見沒有人來，安德留什卡兄弟乾脆縮在屋角的肥皂箱上，全身蜷成一團，像兩隻小貓一樣打起盹來，不一下就鼾聲大作了。

安托沙也把雙手插進衣袖，腳趾蜷縮在長筒靴裡，想到明天課堂上得不到好分數，慢慢地感到憂慮和害怕，他甚至變得麻木了。

最後，在門口望風的加甫留什卡闖進來喊：「你爸爸回來了！」

安托沙趕快站了起來，努力瞪大了睏倦的眼睛，心裡充滿了恐懼，做好了挨訓的準備。

巴維爾走了進來，笨重的身軀，寬闊的肩膀，灰黑的鬍鬚，濃密的眉毛，目光嚴厲地巡視了一下店鋪，接著查看帳本。

安托沙屏住呼吸，擔心算錯了帳挨打……

老闆的兒子像學徒

「怎麼樣，賣了多少錢？」

「還行，爸爸，已經賣了兩個盧布了。」

巴維爾檢查完畢，臉色平和，看來沒有差錯，謝天謝地！

「爸爸，我可以走了嗎？」

「去吧，可要好好做功課，不許淘氣，不然的話……」

回到家裡，安托沙已經筋疲力盡，都快被凍僵了，母親趕快過來安慰他。

母親經常因為孩子們的事承受巴維爾的粗暴對待。她連續生育了 6 個孩子，還要操持家務，簡直不堪重負了。

安托沙記憶裡，一直是她在廚房裡忙碌，或駝著背坐在縫紉機前的身影。她抱怨孩子們穿得太費，長得太快，總是為 6 個孩子的吃飯穿衣操心。而丈夫卻一直指責她不會操持家務。

安托沙沒少挨打，鞭子抽的傷痕會慢慢痊癒，而心靈的創傷卻永遠不能癒合。不過後來他還是原諒了父親，他了解到父親身上的這些缺點，是由於當時生活艱難，在所難免。

苦中作樂熱愛自然

巴維爾是一個虔誠的宗教徒，他把最好的時間都用於讀《聖經》和做祈禱。但他去做禮拜，感興趣的並不是基督教義，而是那些神祕而優美的禮拜儀式、光輝奪目的燙金聖像、閃閃發光的祭袍、旋律悅耳的讚美歌以及跪拜、畫十字和燃香的芬芳。

其實，巴維爾是個多才多藝的人，他熱情奔放，很有才華，喜歡熱鬧的場面。他小時候在村裡的教堂做禮拜時唱過聖詩，於是愛好上了鼓樂，他雖然沒有上過學，但透過自修學會拉小提琴和手風琴，還酷愛繪畫，對聖像畫藝術還有些研究。

他決心把自己音樂、繪畫的天賦都傳給自己的孩子。

每逢大的節日，不管嚴寒風雪，不管道路泥濘，三更半夜他都要把一個個孩子從熱被窩里拉起來，到教堂去做早彌撒。

由於東正教堂裡沒有座位，孩子們得連續站幾個小時，禮拜儀式的莊嚴氣氛使他們目瞪口呆。

巴維爾還要求每一個孩子學會一套手藝。每天傍晚，他總是要和二兒子尼古拉表演幾段小提琴二重奏，讓女兒瑪麗雅鋼琴伴奏。

而他卻命令安托沙說：「老三，你學做一名裁縫好了。」

安托沙聽了心中暗暗叫苦，但他敢怒不敢言。他心裡一急，竟乾咳起來，直覺胸中一熱，湧出了一口血。

巴維爾尤其喜歡莊嚴肅穆的宗教歌曲。當了店老闆之後，他

苦中作樂熱愛自然

最大的嗜好就是到教堂唱詩，後來還親自組了一個教堂唱詩班，他當領唱人。

巴維爾努力想把自己的唱詩班辦成全城首屈一指的，他從鐵匠中物色了十多名有些功底的人，他們都身強力壯、聲音洪亮、熱情很高，而且異常虔誠。他們白天掄著大錘幹活，晚上聚集在巴維爾的店裡練唱。

巴維爾的唱詩班走遍塔甘羅格的各個教堂，義務唱詩，不取分文。雖然他們的歌喉令人不敢恭維，但是各教堂的神父們都十分歡迎這個不用花錢的唱詩班。

鐵匠們唱的都是低音，所以團隊裡缺少一個清脆的童聲唱中音和最高音部。那個唯一的小夥子只好用刺耳的假嗓子唱最高音部，人們聽了都挖苦說：「這不是唱詩，這還是打鐵的聲音。」

巴維爾出於自尊心，為健全自己的唱詩班，果斷地強迫自己的 3 個兒子全部參加唱詩班的高音部和中音部。亞歷山大和尼古拉擔任第一和第二女高音角色，安托沙擔任次女低音角色。

孩子們雖然對唱詩不感興趣，但父命是不敢違的。每天規定練唱的時間，晚上 22 時，全體成員準時集合，一直唱至深夜 24 時。

安托沙是裡面最小的，他剛上中學，體質又弱。而且每天放學都有做不完的作業，還要經常去店裡值班，晚上練習合唱的時候，眼睛早就睜不開了。

巴維爾作為父親，是要讓孩子們從小養成刻苦耐勞的習慣和盡義務、負責任、守紀律的良好精神，成為真正有教養的人。儘管家庭不富裕，但也要讓他們上學、學外語、學畫畫、唱歌……

因此，安托沙兄妹幾個不僅多才多藝，而且剛剛十多歲時就能說一口流利、標準的法語了。同時，安托沙的母親葉甫蓋尼亞也喜歡文藝，她出身商家，讀過書，年輕時還寫點小故事之類的東西。

　　聽母親講故事是安托沙兄妹幼年時代最大的樂事。母親小說中那生動的人物形象，故事中那曲折的情節，旅程中那真實的細節，把孩子們的心都緊緊地抓住了。

　　母親性格溫柔，心地善良，她講的故事中，也都突出表現心地善良的小人物，他們無權無勢，自尊自強。

　　學校和家庭、店鋪的氣氛雖令安托沙兄妹感到苦悶和恐怖，但他們並沒有陷入痛苦中無法自拔，而是自己想辦法開心，用玩笑逗樂，用惡作劇去緩解、改變這種鬱悶、窒息的感覺。

　　塔甘羅格的夏天乾熱難熬。兄弟幾個從早至晚打著赤膊，夜間在院子裡支個棚子睡覺。安托沙睡在他自己親手栽種的葡萄架的綠蔭之下，自封是「無花果下的約伯」。他還在葡萄架下寫詩、編故事。

　　天氣熱得受不了時，兄弟們幾乎天天到海濱游泳。他們最常去的地方叫沐浴坡，那裡海岸平緩，從岸邊至少要走出 1,500 公尺，海水剛好齊脖子深。

　　他們邀上一大群孩子們一泡就是幾個小時，安托沙還每次都帶上他那兩隻心愛的黑狗。

　　他們也常去海灣捕魚，不但帶著漁具，還要帶上一口大鍋，捉到魚後就地煮熟，美美地吃一頓。有一次，他們捉了 365 條

苦中作樂熱愛自然

魚，這下他們可樂壞了。安托沙還說：「一天吃一條，正好可以吃一年。」

他們除了捕魚，還在岸邊觀看來往的船隻，有時也下海游泳，並抓住船的纜繩和錨鏈。有一次，安托沙的額頭碰到了海底的尖石，從此額頭左邊留下了一記終身不掉的傷疤。

傍晚，他們從海灣回家，沿途撿拾著從過路的大車上掉下來的榛子、核桃等，等他們回到家裡時，肚子已經吃飽，口袋也裝得滿滿的。

安托沙還從圖書館裡找來好多滑稽故事，在同學面前大聲誦讀，讀得繪聲繪色，逗得大家哈哈大笑，而他卻若無其事，故作嚴肅。

他還經常模仿老師或同學的神態舉止、說話腔調，同學們笑得眼淚都出來了，有的抱著椅子不敢動，怕一動就樂得摔下去。

安托沙的即興表演不僅在課堂上，在家裡也時有展示。就連成天陰沉著臉的巴維爾，有時也在吃飯後忍不住會提議說：「老三，來，為我們大家表演一下吧！」

安托沙故意裝作苦苦思索：「演個什麼呢？這可是個難題。」

巴維爾著急地說：「什麼都行，隨便來一個讓大家樂樂。」

安托沙沉思著說：「那就來一個老夫子念白吧！」

全家人馬上哄然叫好，並熱烈地為他鼓掌。

安托沙站在「觀眾」們面前，他鄭重地整了整衣領，又咳嗽了兩聲，然後就模仿著老夫子的動作，高聲地朗誦起一段文章來。

大家都被逗得前仰後合，互相推搡著。

　　母親不停地拿圍裙擦著歡喜的眼淚。父親則高興地讚嘆道：「真有你的，老三，你不愧是我的兒子，是塊當演員的好材料。」

　　還有一次，他扮演一位蹩腳的牙醫，讓大哥演患者，他十分緩慢而笨拙的動作和豐富的表情，把「觀眾」們逗得哄堂大笑。

　　安托沙還喜歡即興表演模仿各種議會上的官員們。有一次，他扮演「沙皇日」在大教堂裡主持慶賀典禮的市長。他那唯妙唯肖的表演，形象地演出了一個揚揚得意、妄自尊大的人物。

　　安托沙還很愛給兄弟們取外號，他管二哥尼古拉叫「斜眼」，管大哥亞歷山大叫「歪鼻」，而叫四弟伊凡為「獅子頭小狗」。

愛上戲劇表演

1873 年暑假，葉甫蓋尼亞帶著 6 個孩子去探望住在鄉下的祖父和祖母。那裡離塔甘羅格大約 100 公里，這次愉快的草原之行，使孩子們終生難忘。

他們租了農民的一輛結實的四輪大馬車。父親巴維爾由於要留在家裡照看店鋪不能一起去，他雖然表現得很遺憾，但孩子們卻都在心裡喊著：「太好了！」

臨上路時，巴維爾不停地囑咐大家。而大家一邊口頭應付著，一邊和媽媽擠上了馬車。

大車緩緩前行，一路顛簸著，6 個孩子和母親在車裡相互碰撞著，互相取笑著，高興極了。

大車「吱吱嘎嘎」地行駛著，後面揚起了陣陣灰塵，烈日下，一望無際的平原就像海洋，在微風吹拂之下，翻起層層波浪。

每到一處，大家就下車休息。他們在路邊野餐、到池塘游泳、在草堆上打滾，在客棧裡或露天圍著篝火過夜。安托沙裹著大衣，凝視著火焰和萬里無雲的天空，呼吸著野草和煙燻的清香，盡情地享受夜色的寧靜，心中無比興奮、快樂。

兩天之後，他們終於到達了祖父家。祖父領著他們在大花園裡奔跑、爬樹，或到河裡游泳。甚至，他們還多次跟著祖父到田間收割莊稼。

秋天回來之後，安托沙生命中發生了一件大事──他第一次去劇場看了戲劇。

景色秀麗的塔甘羅格自古以來就負有「音樂之城」的美名。這里民歌尤為盛行，因為當地居民大多是能歌善舞的烏克蘭人。並且它又是個與外國通商的港口，有許多義大利和希臘的商人。義大利的劇團經常來演出一些著名的歌劇，如《塞維勒的理髮師》、《茶花女》等。

安托沙雖然無數次經過彼德羅夫斯卡亞大街上的劇院門口，但還從來沒進裡面看過戲劇。因為當時學校有規定：中學生未經校長的批准，不准進劇院看戲。

第一次看戲，當帷幕拉開時，安托沙簡直驚呆了！

當時臺上演的是奧芬巴赫的俄羅斯輕歌劇《美麗的葉蓮娜》。

安托沙深深被舞台上的布景、燈光和演員的服飾吸引住了：硬紙板做成的大理石圓柱；藍色的幕布展現出浩渺的天空；折射在天幕上的燈光變幻出美麗的彩霞；演員穿的服裝令人眼花繚亂……

這出歌劇使他非常興奮和激動。在回家的路上，劇中的情節一直縈繞在他的腦海中。回到家以後，他就回味起歌劇裡的各個角色來。

從此，他拋棄了童年時的遊戲，也忘記了去捕魚、到墓地裡玩耍，他再也離不開戲劇，離不開劇場了。他完全沉醉於戲劇的激情之中。

而且他還發現，來看戲的都是一些有錢有勢的顯赫人物，他

心想：「呀，這麼多的人都來看戲，都為一名演員喝彩，做演員可真了不起，將來我呀……」

於是，按捺不住興奮的安托沙就與具有喜劇才能的兄弟妹妹組建了自己的劇團，他們在親戚、朋友和鄰居們這些熱心觀眾面前演出。他親自參加演出的第一個戲是《欽差大臣》。

演出那天，他和兩個哥哥很早就把雜貨舖隔壁放木柴的小屋打掃乾淨，並用木板鋪墊成舞台，拉一根繩，上面搭上被單當帷幕。而且這次，父親還破例允許他們多點了幾根蠟燭。

「觀眾」們都趕來了，演出正式開始。

安托沙扮演戲中的省長角色，他挺著僵硬的脖子，穿上帶著亮銅鈕釦的節日製服，腰上一把馬刀，為了增加風度和派頭，還用坐墊在衣服裡把肚皮墊得鼓起來，胸前掛滿了紙板做成的勳章。

他瞪圓了眼睛，鼓著嘴，鼻音很重地說：「嗯，我是誰？你不知道，我就是本省的省長，記住了？」他演得滑稽極了，使「觀眾」笑得喘不過氣來。

後來，他更出色的在戈里高里耶夫的《馬車伕和一個騎兵軍官的惡作劇》中扮演了一個饒舌的老太婆。只要他一登臺，「觀眾」就止不住大笑，因為他總能把角色表演得唯妙唯肖。

有一天，安托沙說：「我們應該有個固定的劇院來演現代戲，老在柴屋裡可不是辦法。」

大家也深有同感：「是啊，是啊！」

後來，安托沙的好朋友安德烈‧德羅希表示：「我們家的房

子很寬敞，可以到我家去演。」

　　他們和安德烈的父母一商量，這對善良和富裕的布爾喬亞夫婦立刻就同意了。

　　安德烈把他們領到一個大客廳：「怎麼樣？夠不夠大？隔壁的房間可以供演員化妝和放服裝道具。」

　　兄妹6人繞著大廳走著，比劃著。二哥尼古拉高興地說：「這回可好了，我們有真正的劇院嘍！」

　　後來，安德烈的母親又熱心的向他們說：「孩子們，你們看看走廊落地窗的那個大布簾能不能用上？」

　　大家到走廊一看，那是一塊上面飾有展翅欲飛的巨鳥的彩色布簾。拿來一試，正好把大廳隔成兩半，前面是舞台，另一邊是放著椅子的觀眾席。在一個小孩專用的壁櫥裡放滿了服裝、道具、化妝盒、假髮。

　　不久他們的戲就一出出的在這裡上演了。他們的精彩表演，每次都獲得成功，「觀眾」席上擠得滿滿的。

　　後來，安托沙受到成功的啟發和鼓舞，還自己動筆在練習本上為自己的「劇院」創作短劇。

　　他寫的第一個劇本叫《孤兒》，表現不懈追求和反抗精神。後來還創作了一系列喜劇題材的，如《棋逢對手》、《一個剃了鬍子的佩槍祕書》、《難怪雞叫了》等。

　　他的劇本不僅供家庭劇團演出，也供同學業餘演出，於是他又大膽創作短劇來嘲笑有些同學的怪癖。只是演過後就毀掉了。

嘗試文學創作

巴維爾的雜貨舖經營一直不見起色，他經過慎重考慮之後，就決定讓兒子們離開雜貨店，去接受教育。

1867 年，安托沙和哥哥尼古拉先是去了一所希臘教會學校，因為巴維爾覺得，既然希臘富商控制著塔甘羅格，那就應該參與他們的活動。其實妻子是希望把孩子送進俄語學校學習的，但巴維爾沒有聽從妻子的建議。

弟兄倆在希臘教會學校裡過得很不開心，也沒有學到多少東西。直至 1868 年 8 月 23 日，安托沙才按照母親的心願，穿著海軍藍、金屬鈕釦的制服去了塔甘羅格俄語語法學校的預備班學習。學制 8 年，學生們被列入彼得大帝在一個半世紀前創立的，著名的 14 級「學籍表」的最後一級，這就意味著他們可以直接進入大學。

安托沙在那裡讀到四年級時，在創作自己「劇院」劇本的同時，也開始嘗試最初的文學創作。

當時，高年級的學生編輯出了一類叫《小星》的手抄本刊物，安托沙便很大膽地投去稿件。

編輯同學見了這個小同學的來稿後，驚喜地對同伴們說：「大家看哪，這個小同學寫得真不錯呢！」

大家看了以後也紛紛表示：「嗯，確實有點才氣。」於是，安托沙的稿子被登在《小星》的顯眼位置上，並時時接到刊物向他的約稿。

在語法學校的所有老師中，神學教員波克羅夫斯基是最受學生們愛戴和尊敬的。這位教員性格開朗，風趣幽默，和學生們相處得親密融洽。

波克羅夫斯基在教學中反對煩瑣的哲學，在教學方法上非常有獨創精神，安托沙被他深深地吸引住了。

波克羅夫斯基酷愛文學，他在課堂上經常就哲學、歷史和文學問題發表議論，大談普希金、萊蒙托夫、歌德、莎士比亞……

波克羅夫斯基按希臘文把安托沙的「契訶夫」讀為「契洪特」，當他發現安托沙是個很有幽默感的天才時，就建議他去閱讀莫里哀、斯韋夫特、謝德林等大師的著作。

有了這樣一位引路人，安托沙也嘗試著開始寫小品和詩歌。他曾經寫過一首詩，詩中對季雅科諾夫進行了辛辣的嘲笑和諷刺，表達了對現實社會統治壓迫的反抗。這首詩在學校裡立刻引起了不小的轟動，同學們開始爭相傳閱他的作品。

隨著作品數量的增多，安托沙又產生了一個大膽的想法：「與其向他們投稿，還不如自己辦個刊物什麼的好。」於是，他經過深思熟慮，主辦了一份以《口吃的人》命名的幽默報紙。

在自己創辦的報紙上，安托沙終於可以自由馳騁於筆端，他以其獨到的筆觸，滿懷激情地把身邊熟悉的一些典型現象和事件刊登出來，呈現在讀者面前。

安托沙沒事的時候就到城裡四處閒逛。他對一切都是那麼的感興趣：一隻翹著尾巴遊蕩的狗；一家人在棺材後面痛哭的出殯行列；裝卸工人的爭吵；酒醉人的痛哭；懷抱嬰孩的乞討婦女；吆三喝四的店鋪老闆等等，這一切都是他一天中值得回味的事情。

嘗試文學創作

當夜幕降臨，人們都已進入夢鄉的時候，他喜歡躺在床上，獨自遐想。他的思緒就如同回到了街上，眼前出現見過的一個個面孔，一個個表情。

他還常去公墓，辨認墓碑上的碑文，思考在這裡安息的數百個陌生的人，生前有著怎樣的人生，怎樣的命運。

他把一切生活中的所見所感全都寫在了文章裡，在文章中他觀點鮮明，卻不失諷刺和幽默的風格。

《口吃的人》不僅在學校裡大受歡迎，而且還傳到了校外，整個塔甘羅格城的人都知道了巴維爾家的老三辦了一份幽默的娛樂報紙。

1875 年，契訶夫一家遷入了新居，新屋子是巴維爾在安托沙的祖父留給他的一塊地皮上建造起來的，位於康托爾斯卡亞大街。

為了把房子蓋得像樣些，儘管巴維爾事先已經精打細算，但還是花光了家裡的所有積蓄，而且他還向地方信貸互助社借了500 盧布。為了還錢，他們把一部分房子租給了商業法庭的一個小職員加布里埃爾·帕爾芬季耶維奇·謝利瓦諾夫。

6 月的一天，安托沙應邀去謝利瓦諾夫的兄弟家渡假。那一天，天氣炎熱，走在路上，身上臉上都是汗。安托沙實在受不了這鬼天氣，他在烈日下跳進了冰冷的河水裡游起泳來。

由於河水冷涼，加上在驛站整夜都沒有睡好，安托沙得了急性腹膜炎，被送回了塔甘羅格。這個病為他留下了一生都在折磨著他的痔瘡。

他在語法學校校醫斯特蘭夫的精心照料下，身體慢慢痊癒了。從此，安托沙發誓將來要做一名醫生，來減輕更多病人的痛苦。

這年 7 月，19 歲的亞歷山大由於無法忍受父親的獨斷專行，在與父親吵翻後，孤身一人去語法學校校長家裡當家庭老師。

巴維爾知道後怒髮衝冠，他寫信對亞歷山大進行斥責：

> 我很遺憾，你這麼早就忘記了你的父母，我們可真是一心撲在你身上啊！為了養育你，我們不惜錢財，不顧身體。今後，我只要求你一件事，把你的性格改一改！對我們尊重一些，你自己也要懂得自愛。

亞歷山大早就聽厭了父親的這些訓斥，當他出色地通過了畢業考試後，沒有徵求父母意見，毅然去莫斯科大學讀了數學系。

與大哥一樣，17 歲的尼古拉中學還未上完，也決定跟哥哥一起去莫斯科，1875 年 8 月，他考進了莫斯科美術建築專科學校。

巴維爾對兩個逆子的大膽出走束手無策。

安托沙非常想念兩個哥哥，經常與他們通信，訴說他們走後，父親的嚴酷專制都強加在他一個人身上。並把《口吃的人》寄給兩個哥哥。但是，亞歷山大把《口吃的人》評價得一無是處，百般挑剔。他 9 月分給父母寫信說：

> 請告訴《口吃的人》的作者，他的報紙不再像以前那樣令人感興趣了，它缺乏趣味。

安托沙的創作熱情受到了嚴重挫傷。

家業破產獨守故鄉

　　巴維爾雖然竭盡全力，精心地料理著店鋪，但是收入卻越來越少，甚至連蓋房欠款的利息都付不起了。他不得不寫信向莫斯科的亞歷山大訴苦：

> 賺的錢一天比一天少，我憂心忡忡，失去了勇氣，你媽媽和我不知道如何是好，唉，老老實實地賺錢是多麼難呀！

　　而亞歷山大回信卻說，他們兄弟倆在莫斯科更可憐，穿著破舊的衣服，天天餓著肚子。

　　後來，巴維爾交不起孩子們的學費，只好讓他們待在家裡。10 月 10 日，葉甫蓋尼亞寫信給兩個兒子說：

> 安托沙和伊凡已經有一個星期沒去上學了，學校要我們交錢，我們無法交付，昨天你爸爸去學校找校長談了，他們同意伊凡可以不交學費，但是安托沙仍要留在家裡，為了他和瑪麗雅，我們必須交 42 盧布才行。我真的十分憂傷。

　　就在兩個哥哥去莫斯科求學的第二年 4 月分，小雜貨店在巴維爾的不善經營下，終於破產了。

　　巴維爾擔心由於債務問題無法解決而被關進監獄，於是就想出了一個不是辦法的辦法。1876 年 4 月 3 日，他瞞著家人，一個人偷偷地坐上了逃往莫斯科的火車。

　　逃亡的路顯得那麼漫長。他不知道自己怎麼度過每分每秒，恨不得趕快逃離這一切。

在車上，巴維爾極力地躲避著人們的視線，生怕被別人一眼就認出來，就好像人人都認識他似的。然而，最讓他擔心的還不只這些。

　　早些年的時候，他對待兒子的態度非常蠻橫，時常不分青紅皂白地訓斥兩個大兒子。現在，他落到這種地步，兒子會怎麼對待這個已經年過半百、鬍子花白而一事無成的父親呢？

　　父親出走以後，放高利貸的人幾乎天天上門逼債，留在塔甘羅格的孩子中，也只有安托沙能夠幫助和安慰母親。

　　母親迫於無奈，只好開口向朋友們求救。但此時境況已經與以往不同了，他們一個個都像躲避瘟疫一樣，連個人影兒都見不到。就連安托沙的親叔叔也婉言回絕，推說手頭拮据，掏不出一分錢來幫助他們。

　　就在這時，新屋的房客謝利瓦諾夫趁機用欺騙的手段，只用了 500 盧布就獲得了契訶夫家的房產權。

　　房客所給的價錢，還不到房價的 1 ／ 3。從此，在契訶夫家的大門上，釘上了一塊寫著別人姓名的銅牌。

　　家具也不得不拍賣了，於是葉甫蓋尼亞只好在 7 月 23 日帶著伊凡和瑪麗去了莫斯科，只剩下安托沙還留在塔甘羅格完成中學學業。

　　安托沙淪落到了無家可歸的地步，謝利瓦諾夫 —— 房子的新主人 —— 出於過去的交情，只給安托沙留了一個角落居住。

　　為了支付自己的食宿費用，安托沙不得不給房主那個姪子皮埃爾·克拉夫佐夫當補習老師。

家業破產獨守故鄉

安托沙本來想拒絕這個掠奪了父母財產的人，但為了能完滿地完成學業，他也只好接受條件，面對現實。

他很清楚目前的處境，只有自食其力，才能繼續生活和學習。他想，等 3 年後拿到了文憑，就可以去莫斯科上大學了。這年，他還不到 17 歲。

他總算獲得了嚮往已久的自由。然而，在這裡，他再也看不見母親的慈愛容顏，再也聽不到兄弟們的歡聲笑語，他又感到無限的寂寞和惆悵。

他在自己寄居的角落裡，留下了一些值得回憶的東西：功課表、一個沒了頭的洋娃娃，還有牆上寫著的歪歪斜斜的「尼古拉是傻瓜」⋯⋯

追求已久的自由生活總算開始了，但隨之而來的卻是令人難以忍受的屈辱和貧窮。安托沙不但要過著赤貧的生活，還要飽受著人們對他父親破產和出逃的嘲笑與指責。

但是，任何困難都壓不垮他。他下定決心，獨立謀生，打工餬口，保持著自己做人的尊嚴。他很能吃苦，也能承擔責任，能為朋友犧牲自己的一切。他靠做家教維持自己的生活和學業，每個月可以賺到 3 盧布。

但是，為了這 3 個盧布，他必須步行許多路到城郊的家教館去。秋天，郊外的路泥濘不堪，安托沙連一雙厚鞋都沒有。於是，他只好用破布包著腳去講課。硬草根和尖利的石塊經常把他的雙腳刺破，流出血來。泥水的浸泡，更讓人疼痛難忍。

但年幼而堅強的安托沙對這一切都默默地承受著，家教館的家長和學生們都被他這種自強不息的精神而感動，就連謝利瓦諾

夫也不得不尊重他，逐漸以平等的態度來對待他了。

謝利瓦諾夫在面對安托沙的時候，良心上總有些過意不去。這個不到 17 歲的年輕人沉靜平和、謙恭有禮、態度直率，使他每當面對這個少年時，總也驕傲不起來。

安托沙一邊讀書、打工，一邊抽時間到圖書館裡去閱讀更多的經典：比徹爾·斯托夫、叔本華、洪保德、雨果、塞萬提斯、岡察洛夫、屠格涅夫、別林斯基……。現在，他有更多的自由去思考，自身的文學修養也提升很快。

在這段艱苦孤獨的歲月中，安托沙尤其對叔本華的哲學領悟最深，他用叔本華的話來激勵自己：「是的，人不能低聲下氣地活著，要有骨氣與尊嚴。」

可他從塔甘羅格寫給家人的信，全是一些開玩笑的話，這讓母親感到十分惱火。

1876 年 11 月 25 日，葉甫蓋尼亞在給安托沙的信中責怪說：

我們收到你寄來的兩封信，全是玩笑和文字遊戲……

她不理解，其實這種幽默正是一個人在最倒楣的時候表現出來的堅強和自重。

安托沙不但要靠自己的勞動來維持生活、交納學費，還得幫助陷於困境的家庭。

葉甫蓋尼亞在離開塔甘羅格的第一天晚上，曾囑咐安托沙在她走後賣掉家中僅有的幾件東西，把變賣的錢寄到莫斯科去，並且要求他再添上一點自己賺的錢補貼家用。

在遲遲沒有接到安托沙寄來的錢後，母親寫信催促說：

家業破產獨守故鄉

那些天，我們家只剩下 4 個盧布用來吃飯和買燈油。我們等著你寄錢來，日子太難過了。也許你不相信我們所說的情況，瑪麗雅沒有皮襖，我沒有毛皮鞋，我們只好待在家裡，我也沒有縫紉機做活賺錢。我們睡在冰冷屋子裡的地板上。

明天是 26 號了，不管從哪裡借，也要交付 13 個盧布的房租，否則房東就要攆我們了。真是煩死人了。快點來信，看在上帝的份上，快點把錢寄來吧！別讓我苦惱死了……

同時，大哥亞歷山大也來信說：

我們的生意很不景氣，父親一直沒有找到工作，人也衰老了；母親像支殘燭，一天天熄滅下去，妹妹臥病在床……我們把老本吃光了。沒有別的事，全是老問題，我們已經沒有什麼東西可以拿去典押了……

當安托沙讀完這些信，他的內心說不出是什麼滋味，真是心如刀絞。

他立刻賣掉了家裡留下的所有器具，然後以最快的速度把錢寄給父母。他又到處去幫人家補習功課，想盡快多賺些錢來寄到莫斯科的家裡。

支撐家庭危機

1877 年復活節假期，安托沙收到了亞歷山大寄來的一張去莫斯科的火車票，於是馬上到莫斯科去探望家人。

莫斯科是多麼美麗而文明啊，安托沙心中一直對它無限嚮往。但是，他們一家的生活卻很慘。

一家人租住在一個偏僻的角落裡，而且是一間比街面更低的又小又暗、又潮又冷的半地下室。從小小的像通氣孔的窗口望出去，看不到陽光和天空，只能看到大街上來往行人的腿腳和路面上飄來飛去的紙屑灰塵……

安托沙感到無比壓抑，然而家裡的狀況則更讓他傷心：父親仍然失業，整天煩躁，脾氣更壞了；母親僅僅半年多就有了白髮，臉上多了許多皺紋；14 歲的妹妹瑪麗雅無錢上學，待在家裡打理家務；還不到 12 歲的小弟米舍爾穿著單薄的衣服在莫斯科的冰天雪地裡為生活而奔波；兩個哥哥在外面教點書，替別人抄抄寫寫，合夥出點小畫報賺點錢。但是，他們經常在外面喝得大醉，回到家裡就和父親爭吵，而對家裡的困難則不聞不問。

莫斯科之行，使安托沙心裡更焦急和難過。他回到塔甘羅格後，更是努力四處幫人補課。

安托沙很窮，但當他知道有一個同學比他的生活還苦的時候，便主動提出兩人輪流去教學館，平分一個月 3 盧布的所得。

房東的姪子皮埃爾是安托沙的學生，對他很好，皮埃爾的父親是頓河流域的地主，每年暑假皮埃爾都邀請安托沙到自己家的

支撐家庭危機

莊園度夏。安托沙在那裡學會了打槍、狩獵和騎馬。而且，在那裡他還看到了開挖煤礦和修建鐵路，聽到了吊桶落在礦井的聲音和火車的「隆隆」聲響，並且還親眼看到過貨車車廂與火車頭脫鉤溜下坡去的場面。

中學的最後 3 年，安托沙生活中的主要內容就是讀書，他如飢似渴地博覽群書，廣泛涉獵社會科學和自然科學著作，甚至向大哥索取大學的理科教材。

在思想的迅速成長時期，安托沙更醉心於音樂和戲劇，經常到市立公園聽免費露天音樂會。安托沙常常在樹影花叢下欣賞一支支世界名曲。

在獨立生活的 3 年中，安托沙寫了不少習作，登在學校的雜誌上，他還把這些作品寄給兩個哥哥，徵求他們的意見。

安托沙從不抱怨，他認為自己前進的道路上鋪滿了玫瑰，他不僅堅持自我教育，也特別注意關心教育自己的兄弟和妹妹，從思想上去教育開導家人，使他們成為獨立自主的人。

1879 年 4 月，他寫了一封信給 14 歲的小弟米舍爾，可謂用心良苦、語重心長：

親愛的弟弟米舍爾：

正當我心情十分沮喪，倚在大門口打呵欠時，接到了你的信。從這一點你可以想像這封信是多麼受歡迎，它來得太及時了！你的字寫得很好，而且全篇信裡也找不出一個語法錯誤。

但是，你的信有一點我很不喜歡。你為什麼把自己說成是「微不足道的渺小的兄弟」呢？你知道嗎，應該在什麼地方意識到自己的渺小呢？在上帝面前，在智慧、美和大自然的面前，可能是渺

小的，但不是在人的面前。在人的面前，你應該意識到自己的尊嚴。你是誠實的人，難道不是嗎？

因此，你要把自己看成是一個誠實的人。要記住，一個誠實的人從來就不是一個渺小的人。別把謙遜和自卑混為一談。

你在看書，這很好啊！保持這種良好的習慣吧，日久天長，你就知道這個習慣的作用了。

你讀讀下面幾本書吧：《唐吉訶德》，好小說，人們幾乎把他和莎士比亞並列。如果我的兄弟們還沒有看《唐吉訶德》和莎士比亞的《哈姆雷特》，那我一定要勸他們讀讀。如果你想讀一本生動有趣的游記，那就去讀岡察洛夫的《巴拉達號戰艦》吧……

後來，安托沙在寄給大哥亞歷山大和二哥尼古拉的一封信中，強調必須克服自己小市民的自卑感。因為他知道，從祖父那輩到父親這種狀況，都難免會加深兄弟們心中的自卑感。而他要努力徹底消除他們兄弟們身上的這種習性：

必須克服小市民的習性，必須有意志力，必須為此日以繼夜地勞動，不斷地讀書和鑽研，才能把自己身上的奴性擠出去，一點一滴地擠出去。

我們的周圍是一個十分陰險狠毒的世界，在這種生活環境中，不尊重自己，奴性十足，忍氣吞聲的人，生活是多麼糟糕和無聊！

安托沙懷念母親，在給母親的信中，總講一些好聽的笑話，想以此盡量使老人振作起來，減輕點精神壓力。

而作為一位慈愛的母親，葉甫蓋尼亞除了對兒子寄予希望的輕責之外，更多的還是表達對身在故鄉、孤苦伶仃的兒子安托沙的深切擔心與想念之情：

支撐家庭危機

你快來吧，我每時每刻都祈求上帝讓你早點來。你趕快中學畢業
到莫斯科來吧，我們已經等得不耐煩了。而且一定要進醫學系。
我再說一句，安托沙，如果你真的熱愛勞動，莫斯科是永遠不用
擔心找不到工作的。
我總覺得只要你一來，我們的日子就會好過一些了。

巴維爾卻和妻子不一樣，他已經對幾個兒子完全失望了，
說：「安托沙來了也會和他兩個哥哥一樣，成天只知道出去遊
蕩，一點正事也不做。」

葉甫蓋尼亞堅信安托沙是個好孩子，她大聲反駁丈夫說：「安
托沙和亞歷山大、尼古拉不一樣，他不會出去亂竄，他勤奮！只
要勤奮，在莫斯科就能賺到錢！」

接到母親的信後，安托沙深深地感到了自己對家庭的責任和
義務。

1879 年夏天，他以優異的成績中學畢業。但是畢業後，他卻
沒有急著馬上就去莫斯科。而是在塔甘羅格城四處奔走了一個夏
天，請求市政府能夠為他發放十分難得的獎學金。

這種獎學金每年只有一個名額，它是由塔甘羅格市特殊設立
的，由塔甘羅格市參議會發放給在中學學習成績優異，而且將繼
續在高等學校求學的塔甘羅格市的學生的，每個月 25 盧布。

安托沙的努力沒有白費，他終於以優異的成績，加上誠懇的
態度和不卑不亢的人格魅力，獲得了渴望中的獎學金。

而且在開學前，他一次性從參議會領到了過去 4 個月的 100
盧布獎學金！

8 月 6 日，安托沙懷著激動和快樂的心情，與兩個同學踏上了開往莫斯科的火車。一聲長鳴，火車載著安托沙的希望和夢想，風馳電掣般向西駛去。

　　在市政府簽發的正式遷移許可證上，像所有俄國人在更換居留地時所作的那樣，他填寫了如下各項：

年齡：19 歲；
頭髮和眉毛：淺栗色；
眼珠：栗色；
鼻子、口、頦：無異像；
臉型：略長，淺膚色；
特徵：髮下前額有一傷疤。

　　安托沙把頭貼在車窗上，百感交集地望著不斷遠去的塔甘羅格，心裡默默地唸著：「再見了，塔甘羅格！再見了，少年時代的夥伴！再見了，我的故鄉！」

　　下車後，安托沙讓兩個同伴過兩天來找他，他自己輾轉來到了他的家人擠住的地下室。當他到了家門口下車時，正好迎面碰上弟弟米舍爾坐在門檻上曬太陽。這孩子起先沒認出他來：哥哥變化太大了，兩年中，一個胖乎乎的少年一下變成了一個細高個的大人，面目清秀，兩頰蒼白。穿著一套不合身的破舊服裝，戴著一頂太小的圓帽，留著長髮，嘴唇上蓄著一撮稀疏的鬍鬚。有點像和善的、目光深邃的基督教徒。

　　「基督」用圓潤的嗓音低聲問：「你好嗎？米舍爾·帕夫洛維奇！」

支撐家庭危機

這時，米舍爾才意識到哥哥站在自己面前，他興奮地叫了起來：「安托沙來了！」然後急忙跑回屋裡。

全家欣喜若狂，一起撲向安托沙，擁抱、喊叫。母親在聖像前畫了十字，叫米舍爾去給父親發電報。父親很快就回來了。

但是，安托沙一進入那窄小的房屋空間，與家人團聚的歡樂頓時化為烏有。

同時，安托沙也了解到了家裡的真實情況：父親年老體弱，最近剛剛找到一份為紡織廠看倉庫的活，一個月 30 盧布，食宿用掉後就剩不下什麼了；亞歷山大在外面獨自闖蕩，時好時壞，本來他不缺少才華和學問，但是由於種種原因，一直沒有機遇，從而心灰意懶借酒澆愁，還學會了撒謊；尼古拉繪畫、音樂上很有天賦，但是性情懶惰，體弱多病，染上了抽菸酗酒的毛病；伊凡與哥哥們相反，打算當個小學教員，他沉默寡言，勤奮好學，老成持重；米舍爾和妹妹都由於交不起學費而輟學在家……，整個家如同一盤散沙，沒有一個主心骨，死氣沉沉，沒有一點勤奮向上的朝氣。

安托沙下定決心：我絕不仿效亞歷山大，為了個人而置全家的苦難於不顧。我要把這個家支撐起來，拯救我的家庭！

他首先想到：先把父母都接到家裡來，他們年紀都大了，不能在外面再做繁重的工作，應該過安穩的日子了；然後給弟弟妹妹交上學費，讓他們盡快恢復學業；對兩個哥哥，能幫多大忙就幫多大忙，盡力去發揮他們的才能，使他們重燃生活的希望……

一個月後，安托沙用他的獎學金在莫斯科的科波格伊斯基大

街租了一棟有 5 個房間的樓房。這裡寬敞明亮，還帶有長滿樹木的花園，陽臺前是一大片草坪。

葉甫蓋尼亞喃喃自語道：「我早就說過，安托沙一來，我們的日子就好過了！」

安托沙的到來，不僅僅是帶來了 100 盧布的獎學金和兩個寄宿學生每個月 60 盧布的房租，給家裡增添了一些收入，更重要的是他給全家帶來了歡樂和力量。

安托沙勇敢沉著地挑起了一家之主的重擔。父親一開始有些不適應，甚至有些失落和生氣，但後來只好默認了。但安托沙依然尊重父親。

安托沙深信說服勝於威脅，他要以自己的行動為大家作出表率。他宣布，一週裡他負責一天家務，其他幾天由弟妹們輪流負責。對年幼的米舍爾，安托沙則溫和地規勸他應該穿著整齊，不要說謊，在任何情況下都應公正無私。

漸漸的，安托沙那平靜態度所蘊藏的權威征服了所有的人，兄弟們都敬重他，連專橫、頑固的老巴維爾也不得不承認，安托沙實際已是一家之主了。

每當家中遇到問題時，大家會異口同聲地問：「安托沙怎麼說？」、「安托沙怎麼想的？」

米舍爾常常說：「如果安托沙沒有及時從塔甘羅格來莫斯科，誰知道我們家會是個什麼樣子呢？全家以安托沙為中心，休戚與共。」

這樣，幾週之內，情況就改觀了。一直在家中無所事事的米

支撐家庭危機

舍爾和瑪麗雅分別進入了語法學校和拉伊耶夫斯基女子學校學習。伊凡也為當小教員而刻苦讀書。安托沙本人則去莫斯科大學報考醫學系一年級。

首次發表作品

1879 年秋天，安東‧帕夫洛維奇‧契訶夫遵從母親的意願，進入莫斯科大學醫學系。

醫學系在大學裡是要求最嚴格的，課程很重，比其他系要緊張得多。但契訶夫是個勤奮的好學生，上課、做磨練、完成作業都很認真，只是還沒有展現出什麼突出的地方。

但是，從這年冬天開始，契訶夫就開始了他的文學活動。他一邊潛心學習醫學，一邊搶時間寫稿給刊物。

當時正是俄國歷史上最反動、多災多難的 1880 年代，列寧稱這時代是俄國的「牢獄」。尤其是發生了沙皇亞歷山大二世被恐怖主義分子炸死的事件之後，俄國反動勢力更是甚囂塵上，政府也更加瘋狂地壓制言論自由。

列寧同時也指出：「這個時期也是思想和理智的時代。」

普列漢諾夫的哲學思想、門捷列夫的著作、列賓的繪畫、柴可夫斯基的音樂等，都對年輕的契訶夫有最直接的影響。

他尤其欣賞幽默作家尼古拉‧亞歷山大諾維奇‧萊金的作品，每次看完都拍案叫絕道：「這才是真正的好作品，既能讓人開懷大笑，又發人深省！」

相比之下，自己原來發表的那些小作品只能稱為「小東西」。於是，契訶夫決心成為真正的幽默文學革新家，他積極向《斷片》、《蜻蜓》、《蟋蟀》、《花絮》等幽默刊物投稿。

首次發表作品

1879 年 12 月 24 日，契訶夫寫成了他正式的處女作短篇小說〈一封給有學問的鄰居的信〉。並用自己當年的老師波克羅夫斯基給自己取的「安托沙・契洪特」作為筆名，與另一篇幽默小品〈在長篇、中篇等小說中最常見的是什麼〉一起寄給了《蜻蜓》雜誌。

1880 年 1 月 13 日，《蜻蜓》雜誌在「讀者信箱」欄內致新作家的一封信中，登載了一則寫給他的信：

致家住德提切夫 18 號的安托沙・契洪特先生：
尊稿相當不錯，我們將發表你寄來的文章。
我們為你未來的工作祝福，祝你百尺竿頭更進一步。

1880 年 3 月 9 日，這兩篇作品在《蜻蜓》上發表了。20 歲的契訶夫用第一次領到的稿費買了生日蛋糕獻給母親，一家人都非常高興，大家圍在一起，還有趕回來的大哥、二哥，圍坐在蛋糕周圍說笑、品嘗。

亞歷山大站起來鄭重地說：「不，安托沙，你聽我說。我佩服你的不僅是文學上的進步，更尊重你的道德高尚，你敢於打破舊的框框，這是難能可貴的，而我恰恰缺乏這樣的勇氣。」

亞歷山大接著笑道：「我寫了一首小詩，算是為弟弟表示祝賀吧！」

於是他念道：

我們兄弟五個本是一母所生，
她把我們送到世上；
唯獨只有你一個發揮自己的才能，

就像花花公子穿著時裝那樣合身，

我在你面前真是不值一文，

只好讓你榮耀遍體，鶴立雞群！

這首詩表達了兄弟之間的熱愛之情，同時也說明一個真理：光有天賦是不夠的，還要像弟弟透過艱苦的勞動，才能使自己的才華放出異彩。

全家人個個聽得熱淚盈眶。

契訶夫承認，自己一方面是熱愛文學，把寫作看成是娛樂和享受；另一方面也是因家庭貧寒，把它當做上學和養家的手段。

從此，他除了要學好繁重的功課，還要進行緊張地創作。剛剛寫完一篇故事，就要趕快看教材；從解剖室一出來，馬上又得去雜誌編輯室……

他的作品越來越多，稿費也逐漸增加。一天，他鄭重地對母親說：「媽媽，從今天起我來負擔瑪麗雅的學費。」

葉甫蓋尼亞感動地望著兒子，欣慰地笑了：「這就是我的安托沙！」

1880 年 7 月，一年級期末考試結束後，除解剖學之外，契訶夫每門功課都取得了優秀成績。他離開莫斯科，到朋友和房客津布拉托夫的父親的夏季別墅度暑假。為了補好解剖這一課，他在房間裡擺了一個人頭骨，並要求主人的小弟弟為他捕捉青蛙和老鼠。兩名大學生就在院子裡解剖這些動物，農民們驚奇地圍著觀看。

為了養家艱苦寫作

1880 年，契訶夫發表了 9 篇故事；1881 年發表了 13 篇；1883 年共發表了 129 篇故事、文章和報導。他以寫作消遣，但是，他不願在這些「無聊的文章」下面簽上自己的真實姓名，他使用了許多筆名，諸如「無脾臟的人」、「我兄弟的哥哥」、「尤利斯」、「安托沙」等。

由於當時稿費很低，契訶夫必須高產，不停手地寫作，才能完成自己對家庭的義務和責任。

另外，契訶夫的寫作條件十分糟糕。弟弟妹妹喜歡交朋友，來家做客的人絡繹不絕，有的還吃住在這裡。經常可以聽到「鋼琴與民歌齊飛，碰杯與爭吵一色」的場景。

有時，隔壁來做客的孩子在啼哭；而父親則在另一間房子裡大聲為母親朗誦〈被感動的天使〉；有人打開了留聲機播放〈美麗的海倫娜〉；他的床被一個來做客的親戚占用了，那位親戚總是沒完沒了地纏著他，跟他談醫學：「隔壁那個孩子可能是腸絞痛，所以哭個不停。」

契訶夫對好朋友、同學德羅希抱怨道：「這是天下少有的文學創作環境！我真想躲到鄉下去。」

德羅希就勸他：「既然環境這麼差，那就少寫點嘛，不要這麼拚命嘛！」

契訶夫嘆道：「我必須不知疲倦地寫呀，德羅希，你是知道的，全家人就靠著我來供養，我的確是為了養家才寫這些供人消

遣的東西的。所以它也無情地折磨著我的良心呢！」

不過，契訶夫雖然稱他是「非文學性工作」，但其實他的每篇文章都是很認真的。因此，他的每篇作品一經登載，讀者便爭相搶購，先睹為快，刊物的老闆也為此大賺了一筆。

靠稿費養家也是非常不容易的，他常常為了區區幾個小錢踢壞了編輯部的門檻。

有一次，他讓弟弟米舍爾去央求一位雜誌主編付給他拖延了許多時間的 3 盧布稿費，而那位主編拿不出錢，還陰陽怪氣地對米舍爾說：「錢暫時沒有，這樣吧，也許你哥哥願意要張戲票吧？或者買條新褲子也成？那就上丘林成衣店買一條褲子，記在我帳上好了。」

主編這侮辱性的話，引起了編輯室裡一陣哄堂大笑。

米舍爾氣得滿臉通紅，說不出一句話來，他把門一摔，委屈地走了，回到家，流著淚對三哥講了所受的奚落。

還有一次，他的小說〈他明白了〉寄給雜誌社，該雜誌編輯說：「如果您不索稿酬，我們會樂於發表。本刊資金有限，因此只有重要論文才付稿酬。」為了以後發表「重要的論文」，契訶夫只好「不索稿酬」發表了那篇小說。

《蜻蜓》雜誌的主編一向態度傲慢，而且稿費也很摳，不僅標準低，發放稿費時還像施捨乞丐小錢一樣；此外他們為了炒作，還在《讀者信箱》裡對契訶夫的作品過分挑剔，寫一些諷刺挖苦的話。

想到這些，契訶夫的心被嚴重地刺傷了，他決心以後不再向《蜻蜓》雜誌投寄任何稿件。

巧遇萊金加盟《花絮》

1882 年 10 月的一天，天氣晴朗，人們紛紛走出戶外，感受大自然的清爽。莫斯科紅場明媚的陽光下，走著來來往往的人們。

契訶夫和二哥尼古拉也隨著人流在街上閒逛著。

與《蜻蜓》脫離了關係之後，契訶夫暫時停止了寫作。他一邊認真在學校學習醫學，一邊抽空深入到街區和教堂、醫院等處，體察民情，創作了大量的「札記」。

尼古拉像亞歷山大一樣令契訶夫擔心，他才華橫溢，但是性情懶惰，工作也是三天打魚兩天曬網，常常飲酒作樂。

契訶夫很喜歡二哥，不願過多責備他，可看到他這樣浪費才華又十分失望，只得勸他：「應該努力工作、讀書……，砸碎你的伏特加酒瓶吧！」

契訶夫正與二哥邊走邊聊。忽然一輛豪華馬車在他們身邊停下來，一個年輕人從車窗裡探出頭來喊：「喂！安托沙！」

契訶夫一看，原來是自己的好朋友，他也與對方打招呼：「嘿，你好啊，帕爾明！」

帕爾明是一位青年詩人。他跳下了馬車，接著，馬車上又走下一位很有派頭的紳士：大腹便便，油黑的鬍子，紅光滿面，神采飛揚。

帕爾明隨即對那人介紹說：「這就是我常說的契訶夫兄弟倆，他們都很有天賦，一個能寫，一個擅畫。」

帕爾明又回頭向他們兄弟介紹：「這位就是《花絮》雜誌的社長兼主編尼古拉·亞歷山大諾維奇·萊金先生。幾分鐘之前，萊金先生還說讓我為週刊物色幾名有才華而又不苛求的合作者，正巧就碰到你們了！」

　　契訶夫驚喜地說：「啊！原來您就是聖彼得堡大作家萊金先生？我早年就拜讀過您的大作，曾經對我很有啟發！」

　　萊金微微一笑：「你就是給《蜻蜓》撰稿的安東·帕夫洛維奇·契訶夫嗎？」

　　契訶夫真誠地說：「不錯。但是現在我已經與他們分手了。」

　　萊金故作驚訝說：「哦，是嗎？那這樣，我們別站在大街上了，找個酒館好好聊聊，走吧，我請客！」

　　他們走進了一家豪華大酒店，沿著地毯上到二樓的一個單間裡。

　　幾個人邊吃邊聊。契訶夫注意到，坐在對面的萊金吃香腸、喝啤酒時，大鬍子和耳朵都在顫動，他那肥大的面孔也參加了咀嚼運動。

　　契訶夫對萊金直言道：「我在塔甘羅格圖書館讀到過您的作品。現在也知道貴刊在幽默雜誌中是最正派的，保持著自由派的本色，並且還有適當針砭時弊的風格。」

　　這直言不諱的評價，使萊金馬上對契訶夫產生了興趣，他高興地說：「適當針砭時弊？嗯，概括得好，我自己都還不曾意識到呢！唉，在當前政府對出版行業的重壓之下，能有『適當』也相當不易了。而且還要適應不同的讀者群口味，否則也是難以生存啊！」

巧遇萊金加盟《花絮》

契訶夫邊聽邊點頭表示深有同感，嘴裡喃喃道：「要保持『適當』還要努力『適應』，嗯……」

萊金點燃了一支雪茄，進一步開誠布公地說：「若想存活，就必須避開壓力，只去選擇一些細微、瑣碎、偶然的事情，這樣談起來……」

契訶夫接道：「……就自由、放鬆多了，可以去談談戴綠帽的丈夫啊、缺斤少兩的商人啊、醉酒鬧事的官吏啊，還有假日的郊遊、婚禮、宴會等故事。」

萊金興奮地吸了一口雪茄，在煙霧繚繞中說：「正是，正是，就像你寫過的那篇〈在長篇、中篇等小說中最常見的是什麼〉中諷刺的一樣，雖然無聊，但卻無傷大雅，都是為了生存嘛，有什麼辦法？」

契訶夫笑了笑沒再說話。

而萊金卻以一個商人的嗅覺，覺察到這個機智、幽默的年輕大學生，正是自己所需的人才。他決心把他招在自己旗下，避免被別的競爭對手搶去。

萊金向契訶夫說道：「年輕人，我就開門見山說了。你現在既然已經與《蜻蜓》脫離關係了，而我眼下正需要你這樣有才華的人，你不妨考慮一下加盟我們《花絮》？」

契訶夫心裡十分高興，不過他已經有了經驗：「那我也不客氣了，想先聽聽條件。」

萊金吸盡了最後一口雪茄：「是這樣，我需要一些短小精悍、趣味濃厚、輕鬆詼諧的故事。內容任你自由發揮，但最主要的一

點是不能讓審查機構抓住把柄，因此任何會使讀者埋怨當前艱難時局的主題都要排除在外。至於稿酬嘛，暫定每行字 8 戈比，即每篇文章 4 盧布至 5 個盧布，以後有可能還會提高，怎麼樣？」

契訶夫求之不得，這比他從前在《蜻蜓》所得的稿酬要高很多！

萊金擺了擺手又說：「我看這樣吧，乾脆開闢一個《莫斯科生活花絮》專欄，就由你來負全責。」他看了一眼契訶夫，「不過這要有大量的稿件，否則就會出現空檔。」

契訶夫欣然應承道：「您儘管放心好了，假如有一個晚上我心情好的話，寫出的東西足夠《花絮》用上一個月的。」

萊金不由喜上眉梢：「好極了！嗯，尼古拉也加入好了，你們兄弟是黃金搭檔嘛，就由你為弟弟的作品作插圖，或者為刊物畫些漫畫。」

尼古拉喜形於色：「太好了！」

於是雙方達成協議，在簽訂合約時，特意加了一條：契訶夫必須將自己最好的作品寄給《花絮》。

從此，契訶夫兄弟倆共同供職於一家雜誌，也經常一起活動。

這年假期，他們回塔甘羅格探望親友。到達塔甘羅格後，正巧趕上他們舅母的弟弟結婚，於是兩個遠來的貴客便被拉去當儐相。

婚禮上，主婚人、新郎的哥哥布洛達是個殷實的布商，婚事辦得相當排場，相當有商人氣派。

巧遇萊金加盟《花絮》

而兩個調皮的儐相又是笑又是鬧，盡情嘲弄了俗不可耐的婚禮和婚禮的參加者。

客人當中有一個叫波波娃的音樂學院女學生，她對那種小市民氣息十分反感，便悄悄來到鋼琴前，彈起舒伯特、格林卡和柴可夫斯基的樂曲來。

契訶夫注意到了這優美的樂曲，他坐在一旁傾聽。然而主人布洛達對這種曲子並不欣賞，他走到桌邊將音樂盒打開，想用音樂盒放出的平庸曲調來壓倒鋼琴的樂曲。

當布洛達一走開，契訶夫就不聲不響走過去把音樂盒關掉。

過了一下，布洛達又過來打開了音樂盒。契訶夫朝波波娃使眼色，示意她繼續彈下去。等布洛達一走開，他就又把音樂盒關掉了。

契訶夫在這場熱鬧的婚禮上，始終充當著一個調皮鬼的角色。

回到莫斯科後，契訶夫根據這次故鄉之行，尤其是那場婚禮，與二哥尼古拉創作了大型漫畫《結婚季節》。

漫畫辛辣地諷刺了婚禮的主人和那些大吃大喝的客人。後來這幅畫發表在幽默刊物《觀眾》上，塔甘羅格的親友從這幅漫畫的眾多人物形象中紛紛認出了自己，不由瞠目結舌、啼笑皆非。

突破陳規大膽創新

契訶夫與《花絮》達成協議後，以極大的熱忱恪守自己的諾言。他不久就寄去了自己的第一篇稿件，但卻得到了這樣的答覆：

> 可惜太長了，文章結構很好。很久以來，我們就期待與你合作。
> 請寫得更短些，你會得到更慷慨的稿酬。

契訶夫毫不氣餒，他給聖彼得堡寄去了第二篇稿件。1882 年 11 月 20 日，人們就高興的在《花絮》週刊上讀到了署名「契洪特」的散文。

從這以後，契訶夫發表的作品越來越多。後來，他主持的《莫斯科生活花絮》專欄中，生動地描繪了莫斯科街頭巷尾、醫院診所、法庭內外、飯館酒吧、戲院劇場的所見所聞，報導了社交場合的傳聞趣事以及文學、音樂、藝術等各界創作生活的新聞。

雖然他一直沒用自己的真名，但他的朋友卻對他說：「寫這個專欄的人一定住在聖彼得堡，可他是怎麼知道這裡的消息呢！真是天才！」

這種費力不討好的工作使他生氣，但因家庭生活所迫，他又不能不勉為其難。

一個午夜，萊金在參加酒會之後，乘車回家經過《花絮》雜誌社，突然發現樓上的燈還亮著，於是便停車下，走進去看看。

突破陳規大膽創新

　　萊金站在二樓走廊裡，隔著窗戶向裡望去：只見契訶夫坐在編輯室的一個角落裡，正聚精會神地奮筆疾書。他寫完一頁，就用右手拇指和食指夾起來拋到桌旁邊，已經堆了一大堆。

　　萊金默默地站了許久。

　　萊金看中契訶夫是棵搖錢樹，這是一位勤奮、機敏的多產作家，必須把他壟斷在自己的手中：「要盯緊點，如果被競爭對手搶去，那可是很大的損失。嗯，要想穩住他，就只好一點一點地提高給他的稿酬。」

　　萊金悄悄地離開了雜誌社。

　　有一天，萊金看完「契洪特」的短篇小說〈藝術品〉，驚喜的給契訶夫寫信說：

> 不錯，這正是我所期盼的，適合《花絮》的標準作品！給幽默刊
> 物就是要寫這樣的小說。

　　萊金想緊緊地控制契訶夫，他想把這位年輕的撰稿人死死地擠進《花絮》的傳統框框裡。

　　〈藝術品〉其實並沒有多高的思想性，除了一些滑稽可笑的情節閃耀著契訶夫式的文采之外，別的沒有什麼。但萊金卻說：「我可不期望你的稿子裡還有點別的什麼東西，這樣就已經足夠了。」

　　契訶夫清楚地意識到，如果持續被迫去寫一些華而不實、空洞無物、題材雜亂的東西，他隨時可能走上一條錯誤的道路。他有時也對萊金的純商業性要求表示不滿，然而最讓他感到惱火的是，他的文章被嚴格地限制在 100 行之內。

於是契訶夫給萊金寫信說：

我也極力主張寫短文。如果我主辦一份幽默刊物，我同樣會將一切冗長的文字刪去。但是，我也得承認，你們關於「從某處開始到某處結束」的規定使我相當苦惱。

我選擇了一個題目，坐到桌前準備動筆，但剛寫了第一行字，就不得不開始考慮「文章不得多於百行」的規定。我盡量壓縮、篩選，大刀闊斧地刪節。

有時候，作為一個作者，我本能的對自己說，這樣做既破壞了文章的內容，也破壞了文章的形式。經過一再壓縮和刪節，我開始計算行數，我數到 100 行，120 行，140 行，我害怕了，我無法寄出這樣的文章。因此請求你們，給我寫 120 行的權利吧！

而且，萊金發現，「契洪特」作品中那些無關痛癢的笑料，慢慢變成健康的笑料，後來又變成嚴肅的主題，甚至發出了各種各樣「小人物」的呼聲。他一下子慌了：「不行，不行，絕對不行，不能讓他打破《花絮》的舊框框，他只能按我要求的去做。」他告訴契訶夫：「諷刺、漫畫、奇想、怪念在這裡都有用……把這些惡作劇寫得越蠢越好。」

對此，契訶夫也提出了自己的請求。

短小精悍、輕鬆愉快的文章，只要很輕鬆，合乎雜誌精神，即使包含一點深意，加上一點抗議，我看，讀者讀起來還是會令人高興的，也就是說，不會變得枯燥乏味。

說實在的，蒐集趣聞困難重重，有時你去尋找笑料，只顧追求幽默，胡亂寫出的東西卻令人作嘔。因此，不管你願意與否，我不得不寫些嚴肅的東西。

突破陳規大膽創新

在契訶夫的一再懇求下，萊金同意他在週刊上刊載幾篇較為嚴肅的作品。為此他有些擔心：「習慣於幽默趣味的讀者會有什麼反應？」

而讀者越來越喜歡「契洪特」的短篇小說，他們對他的作品簡直入了迷，可以從中領悟到意外的深意，體驗出一種奇妙的感情。

契訶夫經過與萊金的巧妙周旋，為《花絮》的傳統風格文學小品注入了嚴肅文學內容。在低格調的框框之內，寫出了高格調的文學作品。

當短篇小說〈漫不經心〉落到萊金手中時，這位曾經以短篇小說而成名的作家終於折服了：

> 這的確是一個「可愛的小東西」，親愛的安東・帕夫洛維奇・契訶夫，也許這是文學體裁的「革命」，我落伍了。我承認，我往日的風格已經變成了契訶夫的風格！你終於擠出了醜小鴨群，成為騰飛的白天鵝。

契訶夫與萊金兩人的書信來往甚勤，他們深深地相互了解，而且也能夠彼此容納對方的差異。

但是，萊金總不免帶著幾分妒忌的心理監視著契訶夫，如果他在別的雜誌上看到「契洪特」的名字，心裡便老大不高興。

但是契訶夫卻並沒有打算放棄其他的投稿園地，他寫信告訴萊金：

> 我一個冬天晚上所寫的稿，就能讓你用上一個月，還綽綽有餘，我寫稿又不只是一個晚上的事。我寫得很多，我不能不想辦法

「推銷」，是不是？我每個月都必須賺到 150 盧布至 180 盧布，才能維持生活，如果僅僅依靠《花絮》所拿到的稿費，恐怕要餐風飲露了。

探索新的表現手法

契訶夫用各種筆名發表了許多精彩的小說，但並沒有誰知道「契洪特」就是他。認識他的人，只知道他在給一些幽默刊物寫點小東西。總之，他的寫作沒有受到周圍的重視，他的名字也很少為人所知。

有一天，契訶夫在報紙上看到一則消息：作家加爾申昨日撲向飛轉的旋梯自殺身亡，時年 32 歲。

契訶夫一下就震驚了，加爾申是他的好朋友，他一直很欣賞加爾申的幽默短篇小說。

契訶夫傷心而又憤怒：「都是無情的社會現實把他害死了！唉，他是多麼善良的人啊！」

當時，在新沙皇亞歷山大三世的統治下，全國一片白色恐怖，人民更加痛苦不堪。在全國青年學生運動的影響下，莫斯科大學的學生們也紛紛集會。契訶夫冷靜而敏銳地覺察到，當時對社會生活表面上有影響的政治流派 —— 偽善的資產階級自由主義和墮落的民粹派都很軟弱，他們不能改變苦難的俄國現實。

尤其是文化界，在高壓政策下死氣沉沉，毫無生氣，使很多有才華的人消沉、墮落下去。他們看不到希望，在苦惱中憋悶、徬徨，最終走向毀滅。

加爾申是一個性格脆弱敏感的人，他就是在這「上帝詛咒」的時代患上了精神病。

而把契訶夫引入《花絮》的好朋友帕爾明，也沉迷於酒精的麻醉而不能自拔。因為他被檢查官誣衊為「紅色分子」，指控「他的字裡行間充滿著毒汁」。

　　契訶夫去看他，帕爾明抱著酒瓶，紅著眼睛對著契訶夫說：「哈哈，真是笑話，『充滿了毒汁』的『紅色分子』。我是多麼善良的人，安托沙你是知道的，我待人寬厚，他們反過來如此待我。那好啊，我從此扔掉我的筆，誰能寫就讓誰寫去吧！」

　　當時在莫斯科大學許多優秀學者，如查哈林、斯克里法索夫斯基、季米良澤夫等，都是在俄羅斯科學界引以為驕傲的人物。他們以其鮮明的民主主義傾向、淵博的學識、精湛的講授和熾烈的工作熱情，深深地吸引了廣大的青年學生，並在思想上和道義上給學生留下良好而深遠的影響。

　　契訶夫就是在季米良澤夫教授唯物主義世界觀影響下，逐漸由一個政治生活的旁觀者，轉變為民主主義的擁護者。

　　契訶夫尊重科學，密切注視科學領域內各個方面的新成就。在談到醫學與文學的關係時，他說：

> 我相信，學醫對我的文學事業有著重大影響。它大大擴展了我的觀察範圍，充實了我的知識。這些知識對於我的真正價值，只有自己是醫生的人才能了解。
>
> 學醫還有一種作用。大概由於接近醫學，所以我才能避免犯許多錯誤。因為熟悉自然科學和科學方法的緣故，我總是加倍小心。如果可能，我就竭力考慮科學的根據，如果不可能，我寧可一字不寫。

探索新的表現手法

契訶夫在《花絮》裡苦苦掙扎，努力衝破傳統框框，改革舊風格。

當時，萊金雖然默許了「契訶夫風格」，但還是努力在形式上把他框住。這使契訶夫感到很為難。

於是他努力形成了簡練、明確和活潑的文風。契訶夫那種在小小的篇幅裡展現豐富、深刻的內容，提出巨大而重要的問題的本領，也是在這期間鍛鍊出來的。這顯然要比幽默刊物的其他作者高明得多。

而契訶夫的高明之處就在於，他的小小說可以容納中篇乃至長篇小說的內容。他的故事在逗人發笑之餘能引人深思，在與其他幽默小品似乎沒有什麼區別的形式之內，蘊藏著某種為其他小品所無法比擬的深邃的東西。

契訶夫的格言是：

短 —— 是才能的姊妹。

寫作技巧 —— 就是縮短的技巧。

寫作的才能 —— 簡潔。

要善於長話短說。

寫了再刪，寫了再刪。

寫作的藝術，其實不是寫的藝術，而是刪去敗筆的藝術。

這既是契訶夫在真實生活中磨練的心得，更是他探索出的新的文學表現手法。

一邊行醫一邊創作

從 1883 年起，契訶夫試驗了各種文體類型，但並沒有任何嚴肅的意義，他不滿足於自己只是一名幽默的作家，覺得自己好像小丑一般，僅在於博人一笑。

其實，他這時的作品已經與當年專門供市民們消遣的眾多滑稽的故事截然不同了。把幽默與諷刺、喜劇與悲劇融合交織成不可分割的藝術整體，是契訶夫對文學的又一革新。

1884 年夏天，契訶夫結束了大學生活，並以優異的成績獲得醫學博士學位。同時，他的第一部小說集《梅爾帕米娜的故事》也出版了。這是對契訶夫具有重大意義的兩件事。

《梅爾帕米娜的故事》共收集了發表過的 6 篇短篇小說，署名仍然是「契洪特」，二哥尼古拉為其設計了封面。

這時，母親關切地問契訶夫：「安托沙，你畢業後打算怎麼生活？你這麼投入寫作，是不是要棄醫從文了？那你這醫學博士不是白學了。」

契訶夫笑著回答母親說：「媽媽，不會的，你放心好了。醫學是我的『合法妻子』，文學不過是我的『情人』罷了，我永遠不會放棄醫學，而文學則終究是要與它分手的。」

此時，契訶夫想按照自己深藏的願望生活：以寫作為賺錢手段，以治病為職業。

早在畢業之前，契訶夫就在給大哥的信中說過：

一邊行醫一邊創作

> 我現在出了名，我的文章有人評論。我的醫術也在進步，我學會
> 了治病救人，可我自己卻不敢相信這是真的。恐怕沒有我不了
> 解的疾病。很快就要考試了，如果我能升到五年級，那就意味著
> 「苦盡甘來」了。
>
> 我是新聞記者，因為我寫了許多文章，但是我不會以記者為終生
> 職業。如果我還繼續寫文章，那將是躲在角落裡偷偷地寫的。我
> 將致力於醫學事業，那是我成功的唯一道路⋯⋯

而且，契訶夫也確實對醫學抱有濃厚的興趣，他經常去醫院參觀實習，觀看各種手術，同時還為自己的窮朋友們看病，分文不取。他曾多次為作家波普多格洛治病。為了酬謝契訶夫，波普多格洛在逝世前將其大量藏書贈給了他。

葉甫蓋尼亞卻說出了另外一番話：「安托沙呀，你也不要說得那麼絕對了。媽媽在沒嫁給你爸爸之前，愛好文學，也寫過小說，自從有了你們兄妹幾個，忙得團團轉，但是，我還是愛看些文藝作品的。」

契訶夫真誠地對母親說：「媽媽說得也有道理。但我的『合法妻子』是您給我定下的，您是『大媒』；但這『情人』卻是我從小青梅竹馬的紅顏知己，我們兩情相悅，難以割捨。」

母親被兒子的比喻逗笑了，她理解地說：「知子莫如母，我知道你的心思，只是但願別把 4 年大學辛辛苦苦學來的醫學知識丟了。」

契訶夫胸有成竹地說：「放心好了媽媽，我自己的『妻子』我當然負責看好。我正準備去沃斯克列辛斯克，去年我在那裡渡假的時候，結識了鄰村奇基諾醫院的院長阿爾漢格爾斯基醫生。

我幫助他照看病人，給他幫了大忙。他還與我徹夜長談，不但聊醫學，還談論時事政治、文學藝術，現在他那裡正缺人。」

葉甫蓋尼亞說：「為什麼要到你弟弟那個鄉村去，鄉下條件不如城裡好，在城裡憑你博士文憑又不是找不到工作。」

契訶夫說：「我正想找個機會多接觸一下農民的生活呢，另外，我還可以照顧一下伊凡。」

葉甫蓋尼亞知道兒子的個性，也就不再說什麼了。

早在 1883 年時，契訶夫的社交圈子就開始進入一個新的里程。弟弟伊凡已經在離莫斯科不遠的小鎮沃斯克列辛斯克教區小學任教。擁有一棟相當寬敞舒適的平房。所以，每年夏天，契訶夫都會到那裡去住，有時母親、妹妹、米舍爾他們也去。

契訶夫在剛到莫斯科的幾年裡，幾乎是一步都沒離開過莫斯科，也許是覺得在莫斯科休息就行了。然而，他這時卻想改變一下氣氛。

沃斯克列辛斯克使契訶夫嘗到了俄國的鄉村風味，雖然比塔甘羅格要小，但具有許多特別的異國情調，像古堡、外國人以及劇院，契訶夫很為之著迷。城市的生活幾乎使他忘記了鄉村的情趣。

現在，他又回到了鄉村的懷抱，游水、釣魚、散步、採拾蘑菇。每到傍晚，他和朋友到鄉間散步，小孩子們走在前面，大人們便跟在後面，總是說個沒完。

在他到奇基諾醫院實習的時候，他工作有條不紊，認真仔細，對待病人熱情耐心，給院方留下了良好的印象。院長阿爾漢格爾斯基十分賞識他。院長說：「安托沙最可貴之處是具有一個優秀醫生應有的特質，熱愛自己的病人，病人的精神狀態總是強

一邊行醫一邊創作

烈地吸引著他。」

那時契訶夫就提出：在藥物治療的同時，醫生及周圍環境從精神上給病人好的影響是非常重要的。契訶夫這個觀點得到了院長阿爾漢格爾斯基的肯定。

1884 年 6 月 25 日，契訶夫給萊金寫信說：

> 現在我算是住進了耶路撒冷新城。從此我可以過上安定的日子
> 了，因為我的口袋裡有了醫生證書。

區級醫生安・契訶夫

這年夏天，他以正式醫生的身分來到了沃斯克列辛斯克鎮，一下就被這裡熱情的鄉親們圍住了。

鎮長熱情地與他打招呼：「安托沙大夫，歡迎您！」

當年受過契訶夫照顧的農民也喊著：「安托沙醫生，有空您再給我看看吧！」

弟弟伊凡和鎮長套上馬車，送他到奇基諾醫院去。一路上，兩旁的人們都與他打著招呼。

鎮長對他說：「老院長就要退休了，我看你來得正是時候，就由你來接替吧！」

契訶夫看著路邊的花草，聽著馬蹄聲和車輪聲入了神，風兒掠起了他的長髮。

鎮長見他沒有吱聲，就著急的一下拉住了馬韁：「怎麼，安托沙，你不答應？」

契訶夫這才回過神來：「看病做醫生我自信沒問題，主持工作恐怕不行，我沒有一點經驗。」

鎮長「專橫」地說：「那有什麼，一回生、兩回熟，誰不是這麼過來的？就這麼定了。駕！」揚鞭打馬又上路了。

契訶夫同意了，因為他想要更廣泛地接觸生活。在代理醫院領導工作期間，他除了看病，還外出驗屍，出席法庭審判，充當醫務鑒定人。

有一次，他到鄉下去為死於非命的人驗屍，屍體放在街中心的一張大桌子上，一群看熱鬧的人把桌子團團圍住。契訶夫把屍體翻轉過來時，死人嘴裡發出「撲！撲！」的聲響。人們以為詐屍了，嚇得四散而逃。

後來，契訶夫感到，醫院的其他工作既單調，又令人氣餒。他每天都要看三四十個病人，有的傷口化膿，有的拉肚子，有的患了肺炎或絲蟲病。在這些憔悴的病人身上，他看到了農民的粗俗、無知、酗酒成性，托爾斯泰所歌頌的心地善良、具有大地賦予的深邃洞察力的農民形象到哪裡去了？

為了擺脫窮困和鄉村庸俗生活的困擾，契訶夫設想了一項龐大的計劃：編寫一部《俄羅斯醫學史》。他想，這樣一部論述性的著作，可以使自己在醫學界有點名氣。但是在閱讀並註釋了100多篇有關著作後，他的熱情冷卻了，因為他發現自己在這一方面顯然缺乏想像力和敏感。

然而，契訶夫對醫生和作家都不願放棄。他熱愛寫作，但每次病人上門求醫的時候，他都熱心醫治，醫生畢竟是他的本行，而且醫生的報酬也不錯，比如為一位小姐治牙，雖未見效，收入卻是5個盧布，為一位來該地渡假的莫斯科女演員治療胃病，收入3盧布。

一邊行醫一邊創作

契訶夫慢慢變成有經驗的醫生了，他也繼續與附近有趣的名人接觸，交友漸廣。他的朋友中，有著名的學者，以親斯拉夫民族的歷史學家葛羅克瓦斯特夫為代表。麥夫斯基少校是炮科軍官，使契訶夫接觸到軍人社會，這些社交接觸，對契訶夫的創作和發展具有相當的重要性。

1884 年 12 月 7 日，為向報刊供稿和治療窮苦病人而日夜勞碌的契訶夫突然患病，先是乾咳，嘴裡有異味，接著就吐血了。

但是等他稍微一好轉就立即開始門診和文學創作。這年底，契訶夫寫下了膾炙人口的名篇〈變色龍〉。

〈變色龍〉是契訶夫早期創作的一篇諷刺小說。在這篇著名的小說裡，他以精湛的藝術手法，塑造了一個專橫跋扈、欺下媚上、見風使舵的沙皇專制制度走狗的典型形象，具有廣泛的藝術概括性。小說的名字起得十分巧妙。變色龍本是一種蜥蜴類的四腳爬蟲，能夠根據四周物體的顏色改變自己的膚色，以防其它動物的侵害。契訶夫在這裡是只取其「變色」的特性，用以概括社會上的一種人。

最突出的是奧楚米洛夫這一人物，從他對下屬、對百姓的語言中表現他的專橫跋扈、作威作福；從他與達官貴人有關的人，甚至狗的語言中暴露他的阿諛奉承、卑劣無恥；從他隨口噴出的汙穢謾罵來揭開他貌若威嚴公正裡面的粗俗無聊。同時，契訶夫故意很少寫他的外貌神態，令人可以想像：此人在說出這一連串令人難以啟齒的語言時，竟然是臉不變色心不跳的常態，由此更突出了這一人物醜惡的嘴臉、卑劣的靈魂。

奧楚米洛夫在短短的幾分鐘內，經歷了 5 次變化。善變是奧楚米洛夫的性格特徵。作品以善於適應周圍物體的顏色、很快地改變膚色的「變色龍」作比喻，具有畫龍點睛的作用。

如果狗主是普通百姓，那麼他嚴懲小狗，株連狗主，中飽私囊；如果狗主是將軍或將軍哥哥，那麼他奉承拍馬，邀賞請功，威嚇百姓。他的諂媚權貴、欺壓百姓的反動本性是永遠不變的。因此，當他不斷地自我否定時，他都那麼自然而迅速，不知人間還有羞恥事！

在小說一開始，這件具有象徵意義的道具和它的主人就被作者展現在讀者面前。新的軍大衣本來是沙皇警犬的特殊標誌，但在他看來，卻是裝腔作勢，用以嚇人的工具。作者以軍大衣這一服裝，交代了奧楚米洛夫的身分。

第二次寫軍大衣是在奧楚米洛夫聽到有人說「這好像是席加洛夫將軍家的狗」以後「把大衣脫下來」，他脫大衣不是因為天氣熱，而是「判」錯了狗，急得他渾身冒汗。脫大衣的動作，既揭示了他猛然一驚、渾身燥熱的膽怯心理，也表現了他借此為自己變色爭取時間以便轉風向的狡猾。這一「脫」，形象地勾勒出了這個狐假虎威、欺下媚上的沙皇走卒的醜惡心靈。

當他教訓了赫留金一頓，忽聽巡警說不是將軍家的狗時，又立刻抖起威風。可又有人說：「沒錯，是將軍家的！」這時他大驚失色：「幫我穿上大衣吧，挺冷的。」這是第三次寫他的軍大衣。這裡穿大衣則是心冷膽寒的表現，以遮掩他剛才辱罵了將軍而心中更深一層的膽怯，並進而為再次變色做準備罷了。這裡的

一「脫」、一「穿」，熱而又冷，把奧楚米洛夫凌弱畏強、見風使舵的醜態暴露無遺。

結尾，他教訓了一通赫留金後，「裹緊大衣逕自走了」。這裡第四次寫軍大衣。既形象而又逼真地刻劃了這條變色龍出盡洋相之後，又恢復了他奴才兼走狗的常態，繼續耀武揚威、逞兇霸道去了。

總之，作品透過對奧楚米洛夫軍大衣穿而又脫，脫而又穿，這 4 個細節的描繪，淋漓盡致地勾畫出變色過程中的醜態，以及他卑劣的心理活動。

1880 年至 1884 年間，他以不同筆名在莫斯科和聖彼得堡各種幽默刊物上發表了 300 篇文章，其中大部分是小品文，僅有幾篇小說，如〈阿爾比昂的女兒〉、〈官員之死〉、〈胖人與瘦人〉、〈授勛〉、〈外科手術〉、〈變色龍〉、〈求職考試〉和〈好辦法〉等。

在地方醫院工作的見聞，使他有機會接觸到鄉鎮生活的深處，他根據這段生活的體驗，創作了〈文官考試〉、〈外科手術〉、〈死屍〉、〈哀傷〉、〈在法庭上〉、〈塞琳〉、〈逃亡者〉等小說。

決心棄醫從文

1885 年，在契訶夫的建議下，弟弟伊凡離開了沃斯克列辛斯克，到莫斯科一所高級小學任校長。而在莫斯科他們家的門上，卻掛了一面上寫著「安・巴・契訶夫醫生」的銅牌。

回到沃斯克列辛斯克後，契訶夫在好友基塞遼夫的巴勃基諾莊園裡租了一棟別墅。

1885 年 5 月 6 日，契訶夫一家人分乘兩輛馬車，滿載著皮箱、鐵櫃、行李袋以及書籍、紙張、果醬、炊具和茶爐等物，於深夜抵達別墅。

房門敞開著，他們進去點上了燈，契訶夫對房間的陳設讚嘆不已，他在給米舍爾的信仲介紹說：

> 房間很寬敞，家具應有盡有，一切都顯得那樣雅緻、舒適、溫
> 柔。什麼都準備好了：火柴、煙灰缸、香菸、兩個洗臉池。
> 我們沒有料到好客的主人竟然考慮得如此周到！在莫斯科郊區，
> 這樣一棟房子每年租金至少要 500 盧布。

從這時起，契訶夫的家人在別墅裡連續住了 3 個夏天。這是一個很美好的地方。有英式的花園、樹林、草坪，還有清澈的小溪。契訶夫家人住的房屋就在花園的另一端。為了租這棟別墅，契訶夫向《鬧鐘》編輯部借了 100 盧布。

契訶夫簡直被它迷住了，他寫信給萊金說：

決心棄醫從文

當我透過窗戶觀賞夜幕中的樹木和河流時，感到心曠神怡。當我
聽到夜鶯啼鳴時，簡直不敢相信自己的耳朵。因為我忘了我已經
不在莫斯科了。

住進巴勃基諾莊園之後的一個雨夜，鄰村一個陶器匠的妻子
來看病，她對契訶夫說：「我家的房客，那個畫家列維坦最近又
經常犯病了。」

契訶夫聽說列維坦就住在附近的一個村莊裡，他高興地跳了
起來，列維坦是尼古拉在莫斯科繪畫建築學校的同學，他們兄弟
們都是好朋友。

尼古拉曾經告訴過契訶夫：「安托沙，聽說列維坦最近患了
憂鬱症，企圖自殺。」

契訶夫叫上伊凡和米舍爾，不顧外面正下著瓢潑大雨，兄弟
3 個披上雨衣，穿上長筒靴，提著馬燈就往門外走。女房東帶著
3 個人一直闖進列維坦的房間裡。

契訶夫三兄弟坐下來，與列維坦談笑風生，契訶夫還講了不
少笑話，慢慢地驅散了他心中的一些憂傷。

契訶夫於是經常去看列維坦，安慰他，每天陪他散步，並把
他請到別墅自己的房間裡住，他讓列維坦注意從大自然中恢復對
生活的興趣。

列維坦以畫家的視角，也對大自然充滿了熱愛：「是啊，自
然是美的，可人心險惡，怎能不讓我憂愁……」

契訶夫鼓勵他說：「與其憂愁，還不如用你那神奇的畫筆，
給人們繪出美麗的大自然，讓沉淪在苦難中的人透透氣。」

「你說得對，那好吧！」列維坦支起畫板，認真構圖。

由於在田野和林間長時間地漫步休息，列維坦漸漸地恢復了對生活的信心。從此，他們結下了終生不渝的友情。

透過在地方行醫，契訶夫有了與社會、人民更緊密的聯繫，尤其是與底層人民的聯繫。他目睹了現實生活中各種各樣底層人民的命運。

1885 年的夏天漸漸逝去，契訶夫一邊抱病寫作，一邊為當地人民治病，他終於認識到，自己的天職是在文學方面。他決定棄醫從文，返回莫斯科。

但這時，他重新為經濟問題不安起來，由於沒有錢支付欠下的別墅的房租，他不得不一再催促幾家報社和雜誌社。直至 9 月，才收到幾家報紙寄來的稿費，這才攜帶全家踏上歸途。

但契訶夫的健康狀況卻並沒有好轉，他又一次咯血了。返回莫斯科後不久，他又搬到了莫斯科市裡河岸的一個街區居住。為了一家人的生活，他不得再次掛起「契訶夫醫生」的招牌，一邊為人治病，一邊拚命寫作，卻忽略了自己致命的病情。

契訶夫的才華與日俱增。強烈的創作慾望，對真理的執著追求，以及高度的民主評論精神，使他在文學道路上勇往直前。他不滿足於已取得的成就，不斷探索，繼續向新的高峰攀登。

隨著時間的推移，契訶夫發覺自己已經越來越進入「嚴肅的領域」。在 1885 年以後，他漸漸疏遠了那些博取讀者一笑的娛樂性雜誌，終於，他以新作家的姿態示人。以「契訶夫」的本來面目出現。

決心棄醫從文

1885 年寫成的短篇小說〈哀傷〉就是他的一篇新型作品。

〈哀傷〉講的是一個木匠送他老婆去看醫生，趕上了暴風雪，老婆病死在路上，他自己也被凍斷了四肢的故事。

故事一開始，作者就簡單介紹並評價了主角「木匠格里戈裡・彼得羅夫，這個當年在加爾欽鄉里無人不知的出色手藝人，同時又是最沒出息的農民」，接著就看到木匠在風雪中趕著馬車，自言自語，車上拖著他那垂死的老婆。

彼得羅夫「嘀嘀咕咕」地為他老婆虛構了一個場景：他把老婆送到醫生那裡，醫生「立即從他的診室裡跑出來」，接著粗暴地數落他，他厚著臉皮討好賣乖。醫生具體說了什麼話，他又怎樣回應⋯⋯細緻入微。

然後他發覺自己的老婆已經死了。彼得羅夫的恐慌與後悔被他面前的風雪危機和性格中的劣質掩蓋卻又止不住地不停冒出來。他哭了，他回憶往事，想到自己過去的行為，不知所措，無法挽回，只能想著「再從頭活一次就好了」。

最後，彼得羅夫在醫院從昏迷中醒來，極力維持自己的面子，直到發覺自己的手腳都凍壞了。

這個小說，契訶夫從多個角度使人物變得很豐滿，讀到最後，大家看到了一個貧窮、酗酒、懶惰、麻木、沒地位、愛面子、打老婆、既可憐又無可救藥的鄉村手工藝人。

這個篇幅很小的故事，卻像一部長篇小說，在讀者面前展現了一個人的一生。它那哀傷的情調深深地觸動了人們的心弦。

詩人帕爾明對契訶夫說：

我認為這是您迄今為止寫得最好的一篇小說。這部充滿生活真實的作品給人一種奇異的印象,讓人覺得又好笑,又悲傷。它正如人民的生活一樣,可笑與憂傷交織在一起。

創作一流的作品

1885 年 12 月，萊金用自己的錢邀請契訶夫去聖彼得堡住兩週，契訶夫還從來沒有到過京城，因此高興極了，於 10 日乘火車前往霧城聖彼得堡。

在聖彼得堡，契訶夫還結識了新聞界巨頭、當時最大一家日報《新時報》的創始人兼社長阿列克西斯·蘇沃林。他早就讀過契訶夫的作品，因此一見面就主動邀請契訶夫同他的報紙合作，並允諾稿酬為每行字 12 戈比。

而且令契訶夫更感到高興的是，《新時報》不像《花絮》有那麼多限制，不但歡迎長稿也不限制稿件內容一定要幽默有趣。他回到莫斯科不久就寄去了他的新作〈追思〉給《新時報》。作品很快就在 1886 年 2 月 15 日發表了。

從此，契訶夫開始展露出另一端發展的現象，大半都是探討人類的不幸，對於一個習慣於創作幽默作品的作家來說，這是一個很了不起的轉變。

契訶夫的小說範圍更廣了，人物的刻劃也更為深沉。他的作品漸漸受到聖彼得堡讀者的注意。

契訶夫在診治病人之餘，即使有些閒暇時間，也很難集中精力寫作。因為他的樓上是一家餐館，那裡不是舉行婚禮宴請，就是大擺各類筵席，整天處在喧囂之中。

寫作條件不好也不能停筆，因為他不能辜負蘇沃林對他的垂

愛，尤其是作家葛里高樂維奇對他的評價，更使他信心百倍。

那是一天下午，契訶夫收到了作家葛里高樂維奇給他寫的一封信。葛里高樂維奇雖然在國外名聲並不很響，但在本國內卻是一位受人尊重的老作家，他是 1840 年代末「自然主義」的拓荒者，這時他已經 65 歲了，好幾年來都沒再寫什麼東西。但在當年，他同杜斯妥也夫斯基、屠格涅夫以及一些作家寫些宣傳「博愛」的作品，因此也被認為後來發展成俄國寫實主義運動中的幾個先驅之一。

信中稱讚他為「具有真正天才」。看到信的末尾葛里高樂維奇的簽名，契訶夫簡直有些不敢相信自己的眼睛，不知道自己竟有這麼了不起之處，承受如此的恭維。

契訶夫也充滿感激之情，回了一封信給老作家，從此，他們就書信不斷，契訶夫非常珍惜老作家對他的鼓勵。

於是，在這些喧囂的夜晚，契訶夫伏在桌子上，兩手支著頭髮蓬亂的頭，一雙清澈深邃的眼睛，透過無腿夾鼻眼鏡的鏡片，鎮靜地盯著昏暗的牆壁，苦苦構思。

1886 年，契訶夫又發表了一篇與〈哀傷〉類似的悲劇小說〈苦惱〉，他的悲劇因素明顯增加了，從諷刺幽默中逐漸轉向深沉，描寫下層勞動人民的痛苦成為了他創作的一個重要主題。

在〈苦惱〉中，年老的約納駕著馬車在風雪中的聖彼得堡拉客，他剛剛失去了相依為命的兒子，急於找人傾訴自己的悲傷。但是，客人不是因急於趕路而不加理睬，就是因為他不用心拉車而叱罵他。在他們看來，自己要趕路顯然比車伕死了兒子更為重

創作一流的作品

要，況且，拉車的老頭與自己有什麼相干？「憑什麼」要同情他？正是這種「憑什麼」的心理使人們相互隔閡，失去了最起碼的同情心。

在小說的結尾，老約納無奈地抱著拉車的瘦馬傾訴了好一陣子：「比方說，你現在有個小駒子，比方說，這個小駒子去世了，你不是要傷心嗎？」不但陌生人之間是相互隔閡的，甚至親人之間也缺少交流。

〈苦惱〉引起了廣大讀者的共鳴。但這時，契訶夫雖然在蘇沃林的再三鼓勵下，仍然沒有信心用自己的真名，而是依然用了「契洪特」的署名。他自己說：醫學是一項嚴肅的事業，文學則是一種遊戲，因此在同一時候從事這兩項工作，應該使用不同的名字。

托爾斯泰認為〈苦惱〉是契訶夫當時的第一流作品。「這部作品顯示了年輕作家對社會生活有了比以前深刻得多的認識。」

契訶夫對於約納的苦惱，沒有平鋪直敘，也沒有刻意渲染，而只是把它放在主角與周圍人的接觸過程中來表現。約納滿腔苦水，想向人傾吐，而和他接觸的人，卻沒有一個給他以傾吐的機會。就是在這一次次的欲訴不得的過程中，約納的雙重苦惱 —— 失去兒子的痛苦和無人可訴說的痛苦，逐漸被揭示出來。而且揭示得層層深入，絲絲入扣，具有強烈的感染力。

契訶夫在〈苦惱〉中，輕描淡寫地勾畫出兩個世界、兩種生活：有錢人吃喝玩樂，窮苦人則哭泣悲傷，形成了鮮明的對比。

這一年，契訶夫同樣以「契洪特」署名發表了另一篇傑作 —— 短篇小說〈萬卡〉。

〈萬卡〉這篇短篇小說，既沒有複雜多變的情節，也沒有光彩照人的文學形象。作品透過描寫主角萬卡的不幸遭遇，深刻暴露了沙皇時期童工的悲慘生活。契訶夫用沉靜細膩的筆調把主角萬卡這個人物推至讀者面前，即便是有可挖掘的幽默之處，比如小說結尾寫錯地址的細節，也寫得暗含心酸，發人深思。

在〈萬卡〉中，作者含蓄地塑造了受剝削受壓迫的童工萬卡的形象，那是真實的描寫，不是作者本身的評論。

透過契訶夫的客觀描寫，讀者可以看到「一雙冷靜地探索人類靈魂和社會本質的藝術家明澈的眼睛」，可以體會出作者巧妙隱藏在客觀敘述中的愛憎情感。

以給爺爺寫信為主體，構成了〈萬卡〉這篇短篇小說的基本線索。在給爺爺的信中，萬卡寫道：

> 親愛的爺爺，我在給你寫信。我沒爹沒娘，只剩下你一個人是我
> 的親人了。

契訶夫借萬卡之口，點明小主角無依無靠的孤苦處境。9 歲的萬卡做學徒僅僅是 3 個月的光景，但這短短的 3 個月給他帶來的是什麼樣的災難呢？看看萬卡的乞求吧：

> 親愛的爺爺，發發上帝那樣的慈悲，帶我離開這裡回家吧！我再
> 也受不了啦，不然我就要死了。

只有 3 個月，一個天真活潑的孩子就發出這樣的哀號，足見其受壓迫之深。這充滿童稚的乞求，帶給讀者的心靈震顫遠遠大於對黑暗的童工制度的批判嘲諷。

創作一流的作品

在描寫萬卡所遭受的非人待遇時，契訶夫更加小心謹慎地讓萬卡自己在信中說明，而不添一絲一毫的評語感嘆：

> 昨天我挨了一頓打，老闆揪著我的頭髮把我拖到院子裡拿皮帶抽了我一頓。

挨毒打的原因僅僅是因為萬卡在搖老闆的小娃娃時，一不小心睡著了，一個小小的疏忽竟然招致一頓暴打。老闆的孩子睡在搖籃裡，而又困又累的萬卡卻連眼也不能合一下。樸素的陳述中蘊涵著作者極大的憤怒，這種用事實說話的手法貫穿於短篇小說〈萬卡〉的始終，使其具有巨大的藝術震撼力，誰能不為萬卡的不幸而傷心流淚呢？

從童工的眼中來看世界，來看冷酷的社會。〈萬卡〉篇幅雖然很短，卻把一個受盡苦難的童工萬卡刻劃得栩栩如生。

契訶夫曾經說過：

> 寫短篇小說不應該有過多的人物，以免把筆墨攤開而分散了讀者的注意力，從而破壞了文學的凝聚力和感染力。

在短篇小說〈萬卡〉中，主要人物有3個，那就是萬卡、鞋店老闆和爺爺。出場的只有萬卡一個人，作為反面人物的鞋店老闆雖然一直沒有露面，僅在小說中若隱若現，卻給萬卡造成了極大的心理壓力。

爺爺是伴隨著快樂的童年記憶並且象徵著脫離苦海的希望，出現在萬卡的回憶和憧憬中的。這樣處理之後，爺爺和鞋店老闆就構成了一明一暗的兩道布景，萬卡則被推到讀者面前，展現他的快樂，他的悲傷。只用3個人物，就把一部短篇小說拉開了層

次距離，這正是〈萬卡〉這篇短篇小說獨特角度、精湛技巧的藝術融會。

萬卡單調的寫信，可在小說裡卻是個鮮活的人物，這有賴於作品的藝術魅力。契訶夫的〈萬卡〉，獨特的角度、精湛的技巧，絕妙地展現在從外部動作和內部蘊涵兩方面來刻劃萬卡的心理。

萬卡的動作多是帶有悲傷或恐懼色彩的，只有在寫信後才顯得歡快起來。萬卡在寫信前，「好幾次戰戰兢兢地回頭看門口和窗戶，還斜眼看了一下那個烏黑的神像」。他沒法擺脫這種神像給他心靈帶來的陰影。鞋楦頭就更可怕了，它不僅象徵著堆積如山的工作，還常常帶給他毒打。

寫信的間隙中，萬卡小小的心靈中充滿惆悵和悲傷，「玻璃窗上映出他和蠟燭的影子」，這句描寫將黑暗中孤獨孩子伴著孤燈寫信這幅令人心酸的圖畫栩栩如生地呈現在讀者面前。

萬卡向爺爺發出求救的哀告後，陷入極度的悲傷中。他終於忍不住，「嘴角撇下來，舉起黑拳頭揉眼睛，抽抽搭搭地哭了」。

萬卡這種悲傷與寫完信後的歡快判若兩人：

他想到寫信的時候居然沒人來打擾，覺得很痛快，就戴上帽子，
顧不得披羊皮襖，只穿著襯衫，跑到街上去了。

寫完信後連衣服也顧不得穿就去郵信，可見他希望獲救的心情多麼迫切。而他愉快的心情建立在這封求救信上，彷彿信一寫完他的苦日子就到了頭，這天真的想法非常符合兒童的心理，卻使讀者更添悲傷。

創作一流的作品

〈萬卡〉的結局，似乎是小說發展到最後的必然結果，實則更具不朽的魅力，有兩點耐人尋味。

首先，信的地址是「寄鄉下祖父收」，讀者不禁痛心，這個連信都寫不明白的孩子，怎麼能擺脫悲慘的命運呢？因為寄託了他全部希望的信永遠寄不到爺爺的手裡。

其次，萬卡在郵完信後做了一個夢，夢中看見「一個爐灶，爐臺上坐著祖父，耷拉著一雙光腳，對廚娘們念信。泥鰍繞著爐子走來走去，搖著尾巴……」這夢，是痛苦慘然的暗示。

萬卡的夢只能是兒童玫瑰色的夢，血淋淋的現實仍在老地方等著他。這既給讀者心靈以震顫，也給萬卡的慘淡人生添上了悲劇的色彩。

到這個時候，契訶夫對他的寫作前景充滿了希望：

我的希望全部寄託在將來，我現在只有 26 歲。雖然歲月不等人，我相信我會有所成就的。

震驚文壇的《草原》

1886 年以後，契訶夫的作品不斷在著名的《新時代》發表。同時，在葛里高樂維奇、蘇沃林以及普列謝耶夫等文學大師的關注下，契訶夫的名聲很快就傳遍四方了。

秋天，契訶夫一家人從巴勃基諾出來後，又搬到了庫德林花園街的一幢小樓房裡，這套房子雖然房租貴得嚇人，但是各個房間設計合理，又靠近市中心，而且環境優美，所以大家也很滿意。契訶夫還為這幢樓房取了個名字叫「五斗櫥」。

晚上總有兄妹們的朋友來聚會，尼古拉彈鋼琴，然後大合唱，接著是一片歡聲笑語。每逢重大節日，家裡就會特別熱鬧，尤其是聖誕節和復活節的時候。

有一天，老作家葛里高樂維奇從聖彼得堡來到莫斯科，晚上去探望契訶夫。契訶夫在樓下的書房裡與這位慈父般溫暖的老前輩熱烈擁抱。

正巧，樓上的客廳裡聚集著一大群年輕人，包括契訶夫的兄弟、同學以及妹妹的女友們。音樂聲、說笑聲響成一片。

葛里高樂維奇一邊與契訶夫交談，一邊不時向樓上張望。後來他乾脆上到樓上，情不自禁地加入到年輕人的嬉戲中去了。事後老人感嘆道：「你們哪裡知道，契訶夫鬧成什麼樣子！那才是真正的狂歡節！」

列維坦、柯羅連科、格魯津斯基、謝格洛夫更是「五斗櫥」的常客。契訶夫非常敬佩柯羅連科，與他始終保持著親密的友誼。

震驚文壇的《草原》

柯羅連科蓄著大鬍子，從大學時代就接近革命人士，閱讀禁書，後來因為參加學生運動而被捕，被驅逐出莫斯科。1880 年亞歷山大二世遇刺，他又第三次被逮捕並放逐。1881 年亞歷山大二世被刺死後，柯羅連科拒絕以政治犯的身分向沙皇做效忠宣誓，因此又被放逐到西伯利亞。但他在多次的苦難折磨中，始終以強者的姿態，寫下了大量小說。1885 年獲釋後，警察仍然密切監視他。

契訶夫不但喜歡柯羅連科的作品，更敬重他的為人。他曾表示：「柯羅連科是個很好的人，跟這個漢子並排走是件快活的事，就是跟在他後面走也是件快活的事。」

由於這些優秀人物的光臨，「五斗櫥」四壁增輝。

但是，契訶夫畢竟還要贍養一個大家庭，雖然他也非常願意與朋友們一塊玩耍，但在刊物催稿的情況下，只好抽時間一個人躲在書房裡工作。

一次，柯羅連科詢問契訶夫的寫作情況：「在這種門庭若市的情況下，你是怎麼編故事的呢？」

契訶夫隨手拿一個煙灰缸放到柯羅連科面前，說：「明天，它就是個故事！題目就叫：煙灰缸。」

令契訶夫欣慰的是，大哥亞歷山大從麻木不仁中走出來，變成了一個明理的人。契訶夫替他在《新時代》找了個記者兼校對的工作，他住到聖彼得堡去了。

亞歷山大也成了弟弟在首都的代理人。他經常到報社索取弟弟的稿酬，替契訶夫向出版社和同事轉遞信件，同時注意契訶夫

著作的銷售情況。

1887 年 3 月初，契訶夫得知大哥染上了傷寒病，於是立即動身前往聖彼得堡。到達那時，卻發現亞歷山大身體很好。亞歷山大對弟弟說：「我最近情緒不好，心裡很害怕，就給你發了電報。」

恰巧，亞歷山大的妻子真的染上了傷寒，契訶夫竭盡全力幫助治療，使她恢復了健康。

在這次逗留中，蘇沃林提出將出版一部契訶夫的小說選集，並付給他預支稿費 300 盧布。

契訶夫欣喜地帶著這筆意外的收入，不顧感冒返回莫斯科，趕快處理日常事務，匆忙寫了〈傷寒〉、〈生活的煩惱〉、〈迷〉等幾篇小說，並立刻寄給了蘇沃林。做完這一切之後，他懷著幸福的心情，隻身一人返回了故鄉塔甘羅格。

離開故鄉 8 年了，然而這次塔甘羅格的一切都使契訶夫感到不快和煩惱。已經習慣了莫斯科和聖彼得堡繁華大城市的生活，契訶夫感到這裡的空氣汙濁，這裡的人們行動遲緩，人們似乎停留在另一世界裡。

他問自己：「我為什麼魂牽夢縈地回到這裡來，我為什麼要長途跋涉回到這裡來？」

在返回莫斯科之前，契訶夫決定要再去看一看故鄉的草原，看一看哺育他成長的大自然。契訶夫是在草原上長大的，但是從中學之後，他就與草原分別了。

那廣闊無垠的曠野，那帶著花草香氣的陣陣熏風。他躺在一望無際的天穹之下，看著空中翱翔的鳥兒，盤旋的蒼鷹。

震驚文壇的《草原》

看到這些自由的精靈，契訶夫既高興又傷感，作為人，他的靈魂可以在天空翱翔，但身體卻無法騰飛。

啊！大草原，洋溢著青春的氣息，充滿著生命的活力！

迷人的草原風光讓契訶夫展開了遐想的翅膀：童年時期，母親曾講述過，年輕時穿越森林、橫跨草原去尋找外祖父的墳墓的情景；暑假的時候，曾經到祖父的莊園上去遊玩，在那裡的頓涅茨草原上瘋鬧；多年之後，我再次回到故鄉，回到草原，卻物是人非。

這時的契訶夫，正在思索一種藝術上的革新，他很想寫一些詩情濃郁的作品，嘗試運用更加廣闊的中篇小說的樣式進行創作。

柯羅連科曾一再鼓勵他寫中篇，契訶夫聽從了他的建議，決定把童年時代最寶貴的印象與這次重返故鄉作為素材，創作一部中篇小說，寫一篇題材截然不同的故事。用他自己的話說，將是「一部草原百科全書」，作品的題目就叫《草原》。

《草原》本身並無複雜的結構，全文自始至終由「旅行」牢牢占據著，由一個9歲孩子的視覺和心理記錄牢牢控制著……它不是用矛盾，不是借外部人物事件的衝突來建立故事，而是借巨大的景色美和人的生存企求之間的對比、落差以呈現小說主題。作為生命容器的大自然是如此令人迷戀、陶醉，而這美麗器皿中盛放的竟是無數艱辛、酸楚、命運的粗暴。

在《草原》中，幾乎沒有任何人物間的對立，表面上被打掃得乾乾淨淨。但命運的掙扎感、無力感、被掠奪感、控訴感、悲

愴感，卻像無處不在的陰雨和空氣一樣低低地籠罩著草原和草原上的流浪漢們，讓人疼痛，讓人淒然和震顫。

剛開始的時候，契訶夫感到，要敘述一個大草原的千姿百態而不讓自己和讀者生厭，實在不容易。故事沒有任何情節，這就更難辦了。隨著寫作的進展，契訶夫又恢復了信心。他承認，他寫作《草原》，就像「一個美食家品嘗一隻山鷸」，津津有味而又不慌不忙。他寫信告訴普列謝耶夫說：在寫作時，我彷彿覺得周圍散發著夏日草原的氣味。

契訶夫的《草原》，籠罩著一股巨大而不朽的宗教苦難氣息和命運神祕氛圍。假如這苦難得不到足夠的舒展和充盈，那它就始終是混濁、磐重沉悶的，只能像頑石一樣造成壓抑，而不會誕生美。

契訶夫的成就即在於賦添了這苦難以飽滿的亮度和夢幻色彩，憂鬱黑夜裡突然奇蹟般的有了歌聲，有了橘色的神明的篝火。嚴肅中分泌出微笑，荊叢中爆綻出花朵。這亮度源自幾個人物的出現，他們代表著惡劣命運中的另類，表現著苦難世界上的另一種活法。正是他們的莅臨，給草原和主角吹來了一股心靈驚喜和暖流。

草原充滿詩意的景緻與童話般富於變幻的生活場景的描繪，表明作者不僅對生活詩意具有敏銳的感受力，而且對國家未來命運充滿了自信心。另一方面，那酷暑下沉悶的草原，無疑又成了令人窒息的俄國社會生活的象徵。

不到一個月的時間，契訶夫就寫完了草原的故事，他立即把它寄給了普列謝耶夫主持的《北方通訊》，並請他發表意見。

震驚文壇的《草原》

5 天後，契訶夫收到了普列謝耶夫的來信，信中對《草原》讚不絕口：

> 我如飢似渴地讀完你的中篇小說。一開始閱讀我就愛不釋手了，
> 柯羅連科的看法也和我一樣。作品非常出色，妙筆生花，詩意盎
> 然，而又具有深刻的意義。這是一部扣人心弦的作品。
> 《草原》會打開我們同代人的眼睛，讓他們看見有什麼樣的財
> 富，什麼樣的美的寶藏，始終還沒人碰過，因而對俄羅斯作家來
> 說路子是不窄的。
> 你極有前途，有非常光明的前途。加爾申為之傾倒，波勃雷金對
> 您五體投地，認為您是現時小說家中天分最高的一個。

普列謝耶夫信中提到英年早逝的加爾申，是一位極有天才的青年作家，擅長寫短篇小說，代表作〈小紅花〉享譽文壇。加爾申與契訶夫曾是相識不久的青年朋友，但兩個人一見如故，感情甚篤。

《草原》在《北方通訊》3 月號上發表後，讀者及評論界立即作出了極其熱情的反應，引起強烈轟動。

《新時代》評論家布列寧說：

> 他新發表的《草原》，是足以同俄羅斯藝術的傑出成就相媲美
> 的，他與果戈理、托爾斯泰可以相提並論。

托爾斯泰說：

> 他的才能比莫泊桑更精深。

高爾基一語定判：

> 非凡的文學天才！

而更讓契訶夫驚喜交集的是，《北方通訊》編輯部竟然付給了他 1,000 盧布的稿酬！

　　自從發表《草原》後，當時剛剛 25 歲的契訶夫，便躋身於第一流作家的行列，成為俄羅斯文壇上舉足輕重的人物。

嘗試劇本創作

1887 年，從塔甘羅格回到莫斯科的第二天，契訶夫又去了巴勃基諾。可是，在那裡他也找不到往日的歡樂和靈感了。他只感覺房間陰冷，天空低沉壓抑，他的情緒一天比一天壞。

契訶夫寫信向萊金抱怨說：「好久以來，我沒有寫出任何東西，但這並不意味著思想源泉已經枯竭。3 個星期以來，我一直心情憂鬱，不願邁出家門一步，手無握筆之力。總之，這是你所不相信的煩躁心情。在這種精神狀態下，我是絕對不能工作的。」

這一天，在一個小客店裡，契訶夫恰巧遇到了小說家、劇作家謝格洛夫，他們兩人徹夜暢談戲劇創作，契訶夫創作劇本的願望又一次被鼓動起來，他決心寫一部多幕情節劇。

1886 年春天，科爾什劇院的經理科爾什先生曾經兩次請契訶夫寫個劇本，當時契訶夫並沒有太重視，他甚至對基斯列夫夫人說：「顯然，我不會寫劇本。我不會與劇院和觀眾打交道，讓他們見鬼去吧！」

但是，後來在他與科爾什的一次交談中，兩個人最後竟然打起賭來，契訶夫衝動地說：「我可以在兩個星期之內完成一部大型劇本。」於是，當天夜裡他沒有睡著，躺在床上想出了一個題材：

那些很有才華的朋友，他們都是天才，但卻為社會所不容，自己

又沒有勇氣，到頭來鬧了個可悲的下場。加爾申、帕爾明，還有自己的大哥、二哥。這個劇就寫現實社會中知識分子精神崩潰和消沉墮落的命運，透過它喚起人們對這類人的同情，挽救他們，使他們能發揮自己的才能，去實現自己的理想。

因此，本劇的主角應該是一個概括性的形象，他不是哪個具體的人，而是一個代表著一整批在現實要求面前破產了的知識分子活動家的典型。就定名為諾維奇‧伊凡諾夫吧！要不乾脆就叫伊凡諾夫還簡單些。

契訶夫寫給亞歷山大的一封信中闡明了創作《伊凡諾夫》的動機：

> 現代劇作家一開筆，就專寫天使、惡棍、小丑，可是你走遍全俄國去找一找這種人吧！不錯，找是會找著的，然而他們的相貌絕不像劇作家們所需要的那麼極端，我要與眾不同。不描寫一個壞蛋，也不描寫一個天使，不斥責什麼人，也不袒護什麼人。

結果，契訶夫僅用了 10 天就寫成了。

青年時代的伊凡諾夫對生活充滿熱情，敢於嘗試一切新鮮事物。政治、社會、愛情、經濟，似乎一切的一切都難不倒他。不論是搞那些華而不實的農業管理改革，還是冒天下之大不韙跟一個猶太女人結婚都是他與生活的真切擁抱。

然而，這只是伊凡諾夫的過去，一個很美卻不復回來的過去。正如劇中人薩莎所說：「這是一個了不起的人，可惜您沒有在兩三年前認識他。現在他變得憂鬱，不愛說話，什麼也不做，可是以前他多麼可愛啊。」

嘗試劇本創作

　　像大多數俄羅斯知識分子一樣，伊凡諾夫總覺得自己的現在比過去糟糕。契訶夫把這種感覺稱為「俄羅斯人衝動的獨特性質」。他說：「俄羅斯人的衝動有一種獨特的性質：它很快就被厭倦所取代。這種人剛離開學校的凳子，就莽撞地擔起自己的力所不及的擔子。」

　　這個對與他自身本不甚相關的議題深感興趣並妄想扭轉乾坤的年輕人，反被那些亂糟糟的事情折磨得早衰了。在劇中，伊凡諾夫不止一次地說到「厭倦」這個詞。他身心疲憊，可又不明白自己起了什麼變化，出了什麼差錯；他對此感到害怕，但無論是他自己還是旁人都無法對此作出一個合理的解釋。

　　伊凡諾夫的厭倦使他變得冷酷和麻木，妻子病重甚至可能夭亡的消息都無法讓他覺得留戀和惋惜。他內心的變化違背了他的正義感。

　　他在外界尋找理由，沒有找到。就開始在內心尋找，卻只找到一種模糊的犯罪感覺。契訶夫說：「這是俄羅斯才有的感覺。俄羅斯人碰到家裡有人死了，或者害了病，或者欠了別人的錢，或者借給別人錢，總是覺得自己有罪。」

　　如果在厭倦、煩悶和犯罪感外還要添上一個敵人，那就是孤獨感。伊凡諾夫似乎不缺少朋友。然而，那些已經將糊塗和麻木視為正常的酒徒、賭棍和財迷們都無法明白他內心的感情變化。漫長的夏天、漫長的傍晚、空曠的花園、空蕩蕩的房間、發牢騷的伯爵、生病的妻子，他無處逃遁亦無路解脫，只能不停地問著自己那個無解的問題：「該怎麼辦呢？」

即便出現了薩莎這樣的「紅顏知己」，伊凡諾夫依然難脫困境，甚至反而因為妻子尼娜的病重又套上了一副道德的枷鎖。

劇終時，伊凡諾夫終於在婚禮上自殺了，這並非出於追求劇場效果而設置的驚悚場面，而是人歷經幻滅、冷淡、神經脆弱和爆發之後的必然趨向。

伊凡諾夫的悲劇不是他個人的，而是全俄羅斯的。這個被寒冷和空曠所充斥的國度裡，人們用酒精和蠢話維繫著空洞庸俗的生活。這些是讓契訶夫深為痛心且難以容忍的。他已經在〈苦惱〉等小說中呈現了這種大家司空見慣的「不正常」，《伊凡諾夫》正是這一主題的舞台化。契訶夫創作《伊凡諾夫》一劇時的良苦用心正在於此。《伊凡諾夫》一劇的首要特徵就是「俄羅斯的」。它恢復了俄羅斯戲劇的優良傳統，將戲劇與所處的時代緊緊聯繫起來，讓舞台上的人物真正地「講俄語」，演俄羅斯人的生活。

伊凡諾夫這些共性是情緒性的，因此他不只代表他自己。他的個人性格是時代和社會的一面鏡子，反映著整個俄羅斯社會的處境。此外，《伊凡諾夫》的意義還在於重新提醒世人，什麼是劇作家對於舞台的真正作用。

在 1880 年代，「戲劇作家」這個概念，實際上等同於第二流文人。當時的劇場已喪失了從前那種與文學的牢固聯繫：從奧斯特洛夫斯基逝世到契訶夫舞台藝術誕生以前的這一段期間，在俄羅斯劇作中是屬於匠藝凱旋的時期。匠藝戲劇的規格從未突破過的虛假的、千篇一律的描寫。

嘗試劇本創作

　　粉碎舊傳統，需要天才的文學大師，需要契訶夫和他所帶到舞台上來的那種充滿了詩意和生活的驚人的才能，這樣才又使文學回到了劇場。

　　《伊凡諾夫》一劇重新拾起了戲劇與當代生活的緊密聯繫，在心靈的層面上喚起了俄羅斯人與戲劇藝術的關聯，從價值層面上返回到了戲劇的民間傳統。

　　劇本完稿後，契訶夫又抄了幾份，一份寄給蘇沃林，一份寄給謝格洛夫。然後，他就拿著劇本跑到科爾什劇院洽談演出事宜。

　　當契訶夫把劇本向演員們朗讀了一遍之後，大家都聽得入了迷。科爾什當即拍板：「我院接受該劇演出！如果轟動，我給你演出收入的 8%。」

　　契訶夫很高興，因為這意味著他將會有 6,000 盧布的收入。為了保證演出質量，他又率領演員們投入了緊張地排練中。

　　不久，劇本在聖彼得堡已經爭相傳閱了，人們都盼著此劇能在首都演出。而有些等不及的人已經駕車到莫斯科來了。

　　1887 年 11 月 19 日，契訶夫的戲劇處女作《伊凡諾夫》在科爾什劇院首次公演。

　　科爾什劇院的秩序一向非常混亂，通常在戲開演後又是鼓掌又是起鬨，鬧個不休。但是上演《伊凡諾夫》的時候，場內靜悄悄的，觀眾專心致志地看戲，這種現象是空前的。契訶夫的戲劇第一次演出就緊緊扣住了觀眾的心。

《伊凡諾夫》演出後，受到部分觀眾不絕於耳的讚賞，但也有不少反對的聲音。街頭巷尾都在談伊凡諾夫、薩莎和利沃夫。令所有人都很激動的是：觀眾領悟了劇中主角的典型現實意義。

　　隨後，契訶夫又把劇本做了針對性的修改，並推薦給了聖彼得堡皇家劇院亞歷山德拉劇院。

　　1889 年 2 月，《伊凡諾夫》被亞歷山德拉劇院選為紀念該院老導演費道羅夫・尤爾闊夫斯基戲劇活動 25 週年的福利演出劇目。演員陣容強大，演出十分精彩，引起極大轟動，並獲得成功。

　　演出剛一結束，心跳加劇、雙膝發軟的契訶夫來到後臺，向擔任主角的俄羅斯著名演員達維多夫及其他演員們祝賀，又在歡呼聲中走到櫃檯向觀眾致意。

　　演出第二天，契訶夫的一位狂熱崇拜者為慶賀演出成功舉辦宴會，並頻頻舉杯向契訶夫祝賀。在祝詞中，他鄭重的把契訶夫比作是不朽的格里鮑耶陀夫。

　　契訶夫聽後受寵若驚，事後他自嘲說：「莎士比亞也沒有聽到過像這樣對自己的讚美。」

　　作家列斯科夫在看完此劇後在日記中寫道：「一齣富於智慧的戲劇；一個才華橫溢的劇作家。」

獲得「普希金獎金」

1887 年和 1888 年，契訶夫的小說集《在黃昏》、《天真的話》、《短篇小說集》相繼問世。

1887 年 12 月 5 日，契訶夫在萊金的雜誌上發表了短篇小說〈獅子和太陽〉之後，就結束了他為《花絮》雜誌的撰稿工作，從而結束了「契洪特」時代。

契訶夫給萊金的告別信寫得情真意切，闡明了自己開始新的探索的堅定決心。

在他寫給普列謝耶夫的信中，非常明確地表達了自己要當一名真正作家所遵循的綱領：

我心目中最神聖的東西是人的身體、健康、智慧、才能、靈感、愛情、最絕對的自由 —— 免於暴力的虛偽的自由，不論這暴力和虛偽用什麼方式表現出來。

他聽從葛里高樂維奇的建議，從此正式署上「安東·契訶夫」的真實姓名，以全新的面目出現在世人面前。從此，他完全擺脫了滑稽和詼諧，「契洪特」的風格不再出現了。

《在黃昏》是獻給葛里高樂維奇的，第一次署名「契訶夫」。

蘇沃林不僅迅速地把《在黃昏》推銷出去，而且熱情地支持了把此書推薦給國家科學院「普希金獎金」獲獎作品的建議。

契訶夫知道後，寫信給葛里高樂維奇說：「授予獎金這一思想是由波隆斯基提出的。蘇沃林贊成這個思想，並把我的書送到

了科學院。請您同意我的看法：要不是仗著你們三位，我就看不到這筆獎金，就像我看不見自己的耳朵一樣。」

1888 年 10 月，經過權威鑒定，科學院最後決定頒給契訶夫「普希金獎金」500 盧布。

這種成功完全出乎契訶夫的預料，全家人也都沉浸在勝利的喜悅之中，老巴維爾與葉甫蓋尼亞竟當著郵差和眾人的面摟在一起，又蹦又跳，熱淚盈眶。

但契訶夫並沒有陶醉在喜悅中，獲獎反而給他帶來了煩惱，崇拜者的頌詞越是熱烈，他的頭腦就越發冷靜，他寫信告訴亞歷山大說：「獎金啦、電報啦、賀喜啦、朋友啦等，所有這些弄得我心裡亂糟糟的，我被搞得昏頭昏腦。就連瑪麗雅也因為她是一個名作家的妹妹而不得安寧。把我讚美得過了分，我的文學名聲這樣增長，造成拖稿和應酬特別多，其後果是拚命幹活，精神疲勞，沒有一天是安安靜靜度過的，隨時都覺得如坐針氈。」

在給葛里高樂維奇的信中，契訶夫謙遜地說：「當然，獎金是件大事，但不是對我一個人來說是這樣，我不應把獲獎這件事歸功於自己。有些青年作家比我高明，更為社會所需要，例如柯羅連科就是一個很好的作家，一個高尚的人，如果把他的書送上去，必然會得到這筆獎金的。」

這一年，是契訶夫幸福的時期：首次嘗試劇本《伊凡諾夫》演出成功，描寫故鄉風光的《草原》震驚文壇，《在黃昏》榮獲普希金獎金。

從此他成了名作家。

獲得「普希金獎金」

　　但契訶夫明白，人們之所以愛他、讚頌他，是因為把他看成不平常的人了，而他卻覺得自己只是個凡人而已。他的功勞只在於「給平凡的地圖著上了顏色」，把小作品「下等人」的題材，提高到宏偉的經典文學的水準，提高到了俄羅斯生活的偉大史詩般的境界。

哥哥去世思考人生

1888 年 12 月，契訶夫與俄羅斯偉大的作曲家柴可夫斯基終於在聖彼得堡相見了。

契訶夫早就很欣賞柴可夫斯基的音樂，他經常讚嘆道：「人竟能創造出如此的奇蹟！」他在柴可夫斯基身上發現了和自己一樣的相近之處。在給柴可夫斯基的弟弟莫戴斯特·柴可夫斯基的信中，契訶夫寫道：「我願做一名光榮的衛士，日日夜夜守護在彼得·伊裡奇的門旁，我尊敬他到了如此程度。」

莫戴斯特在給契訶夫的回信中說：「我哥哥對你寫的關於他的話非常高興，甚至感到有些受寵若驚了。他很喜歡你的小說，早在一年前，他就被這些作品迷住了，他給你寫了信，寄到《新時代》編輯部，但你沒有收到。」

兩人見面後，契訶夫對柴可夫斯基的淳樸、謙遜和善良深為震驚。

同樣，柴可夫斯基也早從這位年輕作家的作品中感到了一種與自己非常接近的創作神韻。這次會面也給他留下了深刻而良好的印象。

後來，柴可夫斯基還專程到「五斗櫥」來探望契訶夫，兩個人再次傾心長談，非常投機。時間在愉快的談話中不知不覺地過去了。

哥哥去世思考人生

應契訶夫要求，柴可夫斯基送給他一張照片，上面寫著：

安·巴·契訶夫留念
您的熱烈的崇拜者彼·柴可夫斯基敬贈

這次相會和互贈照片之後，兩個人都沉浸在幸福之中。契訶夫無論搬到哪裡，總是把這張照片掛在他書房的牆上。

契訶夫全家都愛好音樂，尤其是尼古拉。他的藝術天賦極高，不但擅長繪畫，還會演奏各種樂器。但遺憾的是，他並不珍惜自己的才華，甚至生命。他因為酗酒過度，身體垮掉了。

契訶夫一直勸他：「勇敢地唾棄舊習，打碎那些酒瓶酒罐吧，我們都在等著你。」

1889 年 3 月，在外遊蕩的尼古拉患了傷寒，不久又發現他得了肺結核。契訶夫竭盡全力地護理他，傷寒好了，但肺結核卻逐漸惡化。契訶夫知道，二哥的身體過度虛弱，單憑藥物療效是不行的，必須休息療養。

於是，他又向烏克蘭蘇梅附近的樸崗爾河畔魯卡村的林特瓦列夫一家租下了一幢別墅，在 4 月底與尼古拉一起動身前往魯卡村。

夏天，契訶夫一家都來到了魯卡村，田野的嫵媚風光迎接了他們。鮮花盛開的蘋果林和櫻桃樹，啼囀不停的黃鶯和布穀鳥，還有親愛的朋友們，一切都使尼古拉感到心情愉快，病情也在大自然的撫慰中逐漸好轉。可是歡樂並未持續多久。尼古拉的體溫忽然一天比一天高，健康一天比一天壞。他不能躺下，只能靠在扶手椅上睡覺。

契訶夫日夜守護在二哥身旁，看著二哥像燃燒著的蠟燭日漸衰竭，同樣得過肺病的契訶夫也想到了自己：從1883年至當時，他已經反覆咯血11次，身體也發出了嚴重警告。

契訶夫憂心忡忡，長時間的護理，使他的思想陷入極大的痛楚與焦灼之中，體力漸漸不支，精疲力竭。

大哥亞歷山大雖然仍不改邪歸正，但契訶夫還是寫了一封信給他：

「尼古拉患的是慢性肺結核，這是不治之症。問題不是他何時能夠痊癒，而是他的病還能拖多久？」

在兄弟親情的感召下，亞歷山大馬上在6月中旬來到了魯卡村。伊凡也先期來到，這時契訶夫才有了喘息的機會。

於是，他抽出時間前往波爾塔瓦，去拜訪一下他的朋友斯馬金一家。半路上下起雨來，他在夜間趕到斯馬金家，渾身都溼透了。

第二天早晨，契訶夫起身踏著泥濘來到屋外，天氣依然很壞。他剛想到準備購置的那座莊園去看看，就看到一個農民拿著一封打溼了的電報走來，他心中立刻湧起一種不祥的預感。果然，拆開一看，上面寫著「尼古拉於6月23日凌晨逝世」幾個字。

契訶夫心如刀絞，冒著大雨、嚴寒與狂風，立刻往回趕，於第二天早晨返回家中。

家裡人告訴契訶夫，尼古拉在彌留之際掙扎著要起來畫畫。人們告訴他外面正在下雨，他吃力地說了一聲：「契訶夫還沒有

哥哥去世思考人生

回來嗎？告訴他說我死了。」然後就嚥氣了。

儘管契訶夫旅途勞頓，但還是由他負責辦理了後事。葬禮上大家都放聲痛哭，只有契訶夫一個人強把淚水往肚裡咽。

尼古拉死後，契訶夫的心像被撕裂了一樣，他感嘆才華出眾的哥哥的猝死，也在回顧自己的生活之路，思考人生的意義。

9月，契訶夫回到莫斯科，咳嗽加劇，並且吐血。他告訴朋友：「嘴裡吐出來的血有一股凶氣，顏色像晚霞一樣。」

這段時間，契訶夫做著劇烈的精神抗爭，寫出了中篇小說〈乏味的故事〉。他9月5日趕的回莫斯科，到13日就告訴吉洪諾夫這部小說已基本寫完了。

〈乏味的故事〉對老教授的學術地位給予了絕對的肯定。但是，隨著年齡的增長，主角已經失去了掌握和駕馭工作的能力。從前的他可以自如地控制課堂，現在卻感到力不從心；從前他是工作的主人，現在是工作的奴隸。

對於自己畢生從事的學術事業，老教授有自己的原則，他反對尼古拉似的刻板地做「科學的工人」，其實這就意味著教授反對讓學術工作異化從事學術的人。他認為只有從事自己的理解和創造的學術工作才是有意義的。同樣，他反對學生向他討要論文題目，不願意為考試不及格的學生提高分數。因為所有的這一切都會使他從事的學術工作失去意義，而同時他也會失去事業的依託。如果這樣，他的生活的很重要的一部分便會失去意義。

對家庭生活，教授也看到了其中的虛偽與無趣。雖然妻子和孩子都顯得世俗和自私，但是教授清楚地知道，以要求英雄的標準來要求她們是不現實的。

然而，對於妻子在漫長的歲月中逐漸衰老，失去了青年時的美麗；對於女兒隨著時間的流逝而長大，不再童真，而是被社會逐漸同化為社會習俗的產物，教授顯得缺少心理準備。他無法理解是什麼力量使得身邊最親近的人產生了這樣的變化。這種疑惑使他開始思索生命的意義和人生終極的目標。

　　契訶夫是一位勇於嚴格要求自己、努力追求真理的偉大作家，他不願像當時許多知識分子那樣，過庸庸碌碌的生活。他像自己作品裡的主角一樣，苦苦追求著「怎麼辦」的問題。

去庫頁島體驗生活

1889 年底，契訶夫對自己的文學生涯進行了總結：

錯誤和敗筆不可勝數，儘管寫了成百斤的紙，得過科學院的獎
金，但在我眼中沒有一行有真正的文學價值。我為誰寫作？為何
寫作？為大眾？可是大眾需不需要我？我卻不得而知。

他整天愁眉不展，心事重重，終於在一天，突然作出一個使
周圍的人、包括親人大吃一驚的決定：去庫頁島旅行！

這個念頭源於幾天前，他到小弟米舍爾的學校去看他。他發
現米舍爾正在宿舍準備法律科的國家考試，就默默地躺在一邊的
床上翻看講義。

過了一下，他對米舍爾說：「我們對罪犯的全部注意力只集
中在作出判決以前那一段時間上，一旦把罪犯遣送去服了勞役，
大家也就把他忘記了。至於在服苦役的地方又會怎麼樣呢？」

從宿舍出來，契訶夫直接來到市圖書館，在那裡借閱了大量
書報雜誌，他看到一行字：「庫頁島是一個不堪忍受的痛苦的地
方！在那裡的監獄裡死去了千百萬人！」

契訶夫又想到，柯羅連科曾經被流放到西伯利亞的雅爾庫茨
克，4 年的流放生活磨練了他的意志，也豐富了他的閱歷。他的
作品都是許多「現實的事件和景象」，把讀者帶到了西伯利亞的
叢林和亞庫梯人的帳篷，這都是人們見所未見、聞所未聞的。

契訶夫對柯羅連科極為佩服，於是便決心要到沙皇俄國罪惡

最集中的庫頁島去。

蘇沃林知道契訶夫要去庫頁島，來信勸阻他說：「庫頁島如同一個人間地獄，島上只有大批囚犯，官員胡作非為，住房和食物都不夠。那是誰也不需要、誰也不感興趣的地方。」

契訶夫回信反駁說：

整個歐洲都在注意庫頁島，而我們卻不需要它？我們只知道坐在四堵牆裡抱怨上帝創造人不好，庫頁島是個痛苦不堪的地方，這種痛苦只有意志堅強而失去自由的人才能忍受。

我們應當像土耳其人到麥加去一樣，到庫頁島這樣的地方去朝拜。我們使千千萬萬人民在監獄裡受磨難，這種磨難太沒道理、太沒理性、太野蠻了。

我們給人們戴上腳鐐手銬，趕著他們在嚴寒之中跋涉萬里之遙，讓人們染上梅毒，使他們淫亂墮落，使犯罪的人越來越多。而我們把這一切責任都推到酒糟鼻子獄吏身上，現在所有有教養的歐洲人都知道，有罪的不是獄吏而是我們大家，可是有人卻說，這跟我們毫無關係，我們不感興趣。

契訶夫被強烈的作家責任感驅使，他要深入到那個可怕的角落裡，身臨恐怖島，去勇敢地迎接深沉的痛苦。他早就說過：「文學家不是糖果製造者，不是美容師，也不是消愁解悶的人，而是被自己的責任感和良心所約束的人。」

在準備出發期間，契訶夫發表了第七個短篇小說集《默默無聞的人》，這本書是獻給柴可夫斯基的。他還給蘇沃林寄去了一個篇幅較長的敘事小說《搗蛋鬼》。

另外，他還以他素有的認真嚴謹態度研究各種科學專著：歷

去庫頁島體驗生活

史學、人文學、地質學、生物學、刑法學、監獄學和氣象學等。他整天看書、做筆記，腦子裡和紙上幾乎都是「庫頁島」、「西伯利亞」。他還請弟弟妹妹到圖書館從各種文獻中摘抄有關庫頁島的資料。並閱讀了米舍爾這幾年的法律專業的全部講義。

他在聖彼得堡找到一個監獄長，請他寫封信給庫頁島地方當局，當時對方答應了，但是後來根本沒幫他辦。契訶夫只好憑著《新時代》的記者證去闖一闖了。

剛開始說起的時候，家裡人都以為契訶夫在開玩笑，直到他鄭重地收拾起行裝，人們才開始擔心起來，尤其是母親和妹妹。葉甫蓋尼亞說：「什麼？庫頁島？你原來是當真的？」

「是啊！媽媽，我聽人朗誦〈致西伯利亞的囚徒〉，覺得作為新一代俄羅斯作家，應該去，而且已有人去了，我有責任去了解流放在那裡的犯人的苦難。」

妹妹不安地說：「可是那裡不通火車。騎馬就得騎 2,000 多公里，光路上你就得走 50 天左右。而且你的病……」

契訶夫連忙打斷她，怕她說出自己咯血的事。只是對她們堅定地說：「妹妹，沒關係，我只是有點牙痛！別說了，親愛的媽媽和妹妹，我決心已定。」

1890 年 3 月 5 日，他又告訴自己的女友莉卡：「我自己派自己出差了，但是不報銷。」

但是，契訶夫還是為以防萬一做了安排。他寫信給蘇沃林說：「如果我淹死了，或者遇到這類不愉快的事情，您應該知道，我所擁有的或今後可能擁有的一切，都屬於我的妹妹。她將為我償還債務。」

然後，他把剛剛買來的行裝放進一個沉重的皮箱裡，皮箱是米舍爾送給他的禮物。行裝包括一件單皮襖，一件軍官用的防雨皮大衣，一雙翻毛長靴，一支手槍和一把長刀。這是探險者的裝束，而契訶夫戲謔說：「刀是用來切香腸和對付老虎的。」

蘇沃林給他預支了 1,500 盧布，說是他將來《旅途印象》的稿費。

4 月 21 日正式出發。頭天晚上，全家人和幾個朋友送契訶夫到莫斯科火車站。在候車室裡，大家都難以掩飾離別的悲傷和憂愁。庫夫申尼科夫醫生送給他一大瓶白蘭地，並囑咐他，不到太平洋絕不能喝一滴。母親和妹妹抹著眼淚。莉卡勉強含淚微笑著。契訶夫遞給她一張照片，背面寫著：「贈給使我逃往庫頁島的善良的人。」

契訶夫從莫斯科乘火車到雅洛斯拉夫斯克，他的幾個兄弟，還有列維坦、莉卡、孔達索娃和其他朋友一直送到這裡。然後，契訶夫坐輪船到喀山，再從喀山沿卡瑪河到彼爾姆，然後乘一段火車到秋明，又坐船到貝加爾湖，接著交替乘馬車或船，沿黑龍江航行，到尼古拉耶夫斯克，最後到達遙遠的庫頁島。

雖然已經到了春天，可俄羅斯的春天還是十分寒冷，而且一路上氣候惡劣，狂風暴雨，行李都被打溼了，道路泥濘難走。契訶夫臨行前買的皮靴太小了，他這時只好穿氈靴。氈靴被水泡過之後，結了冰，就像拖著兩個大冰坨一般。

乘船從卡瑪河到彼爾姆，陣陣寒風吹進船艙，直凍得契訶夫渾身發抖。但他只能忍著，他知道，漫長的旅途才剛剛開始。去托木斯克的途中，契訶夫蜷縮在四輪帶篷馬車裡，那篷子被刀子

去庫頁島體驗生活

一樣的寒風刺透，他的臉和脖子都被刺得生疼，就連身上的皮襖
也抵擋不住。

　　這樣的折磨大約要持續 10 多天，但 3 天後，他的背就疼得
不能忍受，下車後腰直不起來，也不能再躺下。

　　旅途中不但要冒著生命危險乘船渡過洶湧的西伯利亞大河，
經受寒風大雨的折磨，還要防備毒蛇猛獸和強盜的襲擊。契訶夫
寫信給妹妹說：

> 就這樣，車輪向前滾著，滾著。路碑、水塘、白樺樹林，不斷在
> 車外閃過。我們遇見了背著鍋的流浪漢。他們毫無阻攔地在西伯
> 利亞的大道上游蕩，一下殺死一個可憐的老太婆，扒下她的裙子
> 當襪子，一下拔下路碑的鐵牌，這可以派用場，一下又敲破路上
> 碰見的乞丐的腦袋。
>
> 馬車向前走著，忽然迎面一個大湖，湖上斑斑點點地可以看見一
> 些陸地和簇立的樹叢，原來這是一片被大水淹沒了的草原。契訶
> 夫下了馬車，穿著氈靴在水裡走著，一跳一蹦地牽著馬，老天繼
> 續風雨交加，他卻興奮地喊著：「救救我們吧，聖母瑪麗亞！」

　　天總算暖和起來了，開化的冰雪把路面弄得泥濘不堪，他們
「不像是乘車行走，倒像是駕船蕩漾」。車子左右搖晃，弄得人們
頭昏腦脹的。

　　時間長了，契訶夫反而適應了這樣的嚴厲刑罰，他的頭痛、
痔瘡甚至輕微的咯血竟然都消失了。一天早晨，在一條小道上，
一輛龐大的郵件馬車同他的馬車相撞，他被摔出車外，所有的行
李都壓在他身上。他爬起身來，竟然發現沒有一點不舒服。

　　在停下歇息的地方，居住著各民族的居民：俄羅斯移民、烏

克蘭人、韃靼人、波蘭人以及服刑期滿後成為農民的猶太人。契訶夫驚訝地看到，雖然他們民族不同，但卻和睦相處，愉快地生活著。他在《旅途游記》中對他們的彬彬有禮描述道：

> 他們的某些舉止甚至比烏拉爾山那邊的人更有教養。夜間，當你走進人們熟睡的房間，你既聞不到野獸那樣的氣味，也聞不到俄羅斯的氣味。
>
> 一個老太婆在遞給我湯勺時，在她的臀部擦了一下，但是，他們請你喝茶時卻不會不鋪桌布。在你面前，他們不會打嗝，也不會在頭上捉虱子；他們遞水或牛奶給你時，也不會把手指伸進杯子裡。

1890 年 5 月 15 日，契訶夫到達托木斯克，大雨一直陪伴著他，他休息了幾天，為《新時代》又寫了 5 篇短文。並給蘇沃林寫信敘述了一下旅途的情況。

這時，米舍爾送給他的那個皮箱已經破了，他便換了一個大而柔軟的皮旅行袋。

5 月 21 日，契訶夫重新起程前往 1,500 公里以外的伊爾庫茨克。馬車在滿是泥濘的沼澤地裡時時都會出問題。有時，他得冒著大風站在路邊，等著人家幫助修車，或者徒步走到下一個驛站。當他疲憊不堪、沾滿泥漿到達驛站時，就一頭躺在一個破床墊上，昏昏睡去。

西伯利亞的春天來得晚，走得也急，一轉眼就到了炎炎的夏日。

契訶夫穿行在無邊無際的茂密的森林時，沿途悶熱難當，帶著怪味的塵土直往嘴裡、眼裡、鼻子裡、衣服領子口裡鑽，與不

去庫頁島體驗生活

斷淌出的汗水混合在一起，使人口乾舌燥、眼睛酸澀、皮膚發緊，非常難受。

6月5日，契訶夫到達伊爾庫次克，他終於又享受到文明所帶來的種種便利，先洗了個蒸氣浴，在舒適的床上睡一覺，又換上乾淨的衣服，在城市裡散散步，到劇院、公園、音樂廳去逛逛。他給大哥寫信說：

> 我在與氾濫的河川作抗爭，在與寒冷、泥濘、飢餓和瞌睡作抗
> 爭。我常常被安排住在穀倉和馬棚裡，吃的是蕎麥糊，喝的是劣
> 質伏特加。臭蟲、蟑螂到處爬，咬得渾身是疙瘩，奇癢無比。實
> 在不能入睡，就把上衣翻面鋪在地上，把折好的大衣放在枕頭
> 下，穿著長褲和西服背心躺下睡覺。要是生活在莫斯科，即使花
> 上 100 萬盧布也體驗不到這種滋味。總的說來，我是滿意的，我
> 不懊悔這次出門遠行。
>
> 另外，母親是否去治了腿病？她早就答應過我的。米舍爾談戀愛
> 進展如何？我可能已經愛上莉卡了，同既不會穿衣打扮，又不會
> 唱歌，也不會逗笑的西伯利亞女人相比，她簡直是個王后。

到了貝加爾湖，契訶夫在湖邊散步，路兩旁是森林，左邊的向山頭綿延，右邊的向下伸展，一直伸到湖畔，他在一封信裡讚嘆道：

> 多麼美的溝壑！多麼美的山岩！貝加爾湖的調子是柔和溫暖的，
> 在貝加爾我可以看到我想看到的一切：有高加索，有普斯拉谷，
> 有茲威尼哥洛德縣，有頓河。白天，在高加索馳騁，夜晚，漫步
> 在頓河草原上。就這樣走了整整 1,000 多公里。從貝加爾湖便開
> 始了西伯利亞的詩篇。

契訶夫沿著黑龍江走了 1,000 多公里，一路上欣賞雄偉壯麗的景色，並和當地人民交朋友，接觸俄羅斯普通老百姓淳樸善良的心靈。他在給妹妹的信中說：「我覺得，假如我在車站上或車廂裡丟了錢，被一個馬車伕撿到了，他一定會把錢送還給我，並且不會拿這件事去誇耀自己。我的天哪，這裡有多少好人啊！如果不是嚴寒奪去西伯利亞的夏天，如果不是官僚教唆農民和犯人走上邪路，西伯利亞一定會成為最富裕最幸福的樂土。」

6 月 20 日，契訶夫在「葉爾馬克號」輪船起航前一小時趕到了斯特列堅斯克，最累人的乘車路程結束了。他馬上寫信給母親說：「但願上帝讓每個人都在這樣好的條件下做一次旅行，我沒有得過一次病，在我帶來的這麼多東西中，我只丟掉了一把小刀，一根捆箱子的皮帶和一小瓶石炭酸。我已經完全習慣在大路上乘車奔馳，現在反而感到不自在起來。我不能相信，我已經不坐在四輪馬車上，已經聽不見『叮噹』的車鈴聲。我躺下睡覺時，竟然奇怪自己能夠伸直雙腿，而不再是滿面灰塵了。」

6 月 21 日，輪船觸礁，擱在淺灘上，契訶夫寫信對瑪麗雅說：

左邊是俄國的江岸；右邊是中國的江岸。假如我現在回到家的話，那我就有權吹牛了：我雖然沒有到過中國，但我在距離不遠的地方看見了中國。假如我是個百萬富翁，我一定要在黑龍江上有一艘自己的輪船。這是一個多麼美好、多麼有趣的地區呀！

契訶夫寫信告訴蘇沃林：「要描寫像黑龍江這樣美麗的景色，我只好向它們低頭，承認自己是個沒用的人，唉，怎樣描寫它們

呢？你假想這好像是蘇拉姆山，讓它的兩邊變成江岸。瞧，這就是黑龍江了。懸崖、峭壁、森林、千萬隻野鴨、蒼鷺在飛翔，再加上那一望無垠的荒漠。」

「中國也像俄國一樣，荒涼而又粗獷：村落和崗哨只偶爾可以看到。說老實話，我看見這麼多的美景，得到這麼多的享受，就是馬上死掉，也不害怕了。我愛上了黑龍江，我真願意在江邊過上兩年，那裡美麗、寬闊、自由、溫暖。在瑞士和法國，人們從未有過這種自由的感覺。」

「在黑龍江上，最下等的被流放者也要比俄羅斯的將軍更自在。壯麗的河山，勤勞善良的人民，使我的愁悶情緒一掃而光。」

7 月 9 日，契訶夫「懷著狂喜和自豪的心情」，看著遠方漸漸顯現出庫頁島的海岸。

兩天後，輪船停靠在庫頁島的行政首府和監獄中心亞歷山德羅夫斯克。

調查收穫豐富

　　庫頁島是在 1860 年代才開始移民的，主要目的是想由放逐到此地的犯人來建造成一個自給自足的農業社區。契訶夫來時，只完成了一部分預定的目的。因為各種因素，要想成功地耕作是不可能的，而且居民都受到政府嚴厲的控制。

　　當地的官員比較熱情地接待了這位著名作家，允許他參觀監獄、和苦役犯談話，但是不能和政治犯接觸。

　　一到庫頁島，契訶夫立刻開展緊張的考察工作，因為按照規定，他只能在這裡逗留 3 個月。他在一個醫生同行家中找到了住處。

　　庫頁島的氣候很糟，尤其是北半部，陽光很少見，農作困難。這裡雖出產許多木材和一些碳礦，但卻無法達成經濟上的平衡。砍伐木材和裝運上船的工作大都是由犯人擔任。

　　這裡只有 3,000 多居民，有 5 個教養院。道路陰暗狹窄，早晚傳來苦役犯腳鐐的「叮噹」聲。犯人們服刑期滿後，必須作為移民留在島上的教養院裡。

　　這裡的犯人分成各種層次。有數度逃亡未遂的，他們工作時還都戴著腳鐐。也有比較自由的移民，他們原來也是犯人，服刑期滿後主動留下來的。其他人則屬於這兩個層次之間，所得到的自由與特權也有區別。

　　苦役犯們都被用繩索或鐵鏈拴在拖車上，被強制做最艱苦的

調查收穫豐富

活，肚皮貼在地面上在煤礦的坑道裡挖煤。

契訶夫看到犯人們在齊腰深的爛泥塘裡幹活。一位善良的當地官員，每次與他外出時都給他朗誦涅克拉索夫的詩句：「在鐵路的兩側啊，盡是俄羅斯人的屍骨，你可知道，小凡尼亞，他們死了多少？」

只有少數人住在監獄，大多數人都住在粗糙的木屋，耕種一塊貧瘠的土地或開採礦區。

許多人都結了婚，結婚是庫頁島一個有趣的社會習俗。每當一群女犯人到達時，全島的單身男人都會很興奮。他們賄賂監督的官吏，參加挑選妻子的登記。得到允許後，他們到了女犯人的營區去挑選自己喜愛的女人，當然雙方都很尷尬。一旦雙方同意，便可結婚，因為家庭生活能減輕此地犯人的心理壓抑感，至少有了寄託。島上的出生率相當高，契訶夫特別讚許此地的誕生影響了上一輩的道德觀。

契訶夫知道自己在庫頁島上的時間有限，於是決定盡量爭取時間。他每天早上5時就起床，使自己能做更多的事情。他由一個帶槍的看守人員陪同，對全島的犯人做了一次普遍的調查。

契訶夫參觀了島上的所有監獄、所有木板房和所有樅木室，下了所有礦井，詢問了那些眼睛盯著他卻不知他在說些什麼的沒文化的犯人，以及那些目露凶光的殺人犯。

他發現，大多數人都患病、貧困、飢餓。更不幸的是許多小孩都缺乏妥善的照顧，甚至根本不認識自己的父母，更別談接受什麼教育了。他們的住屋和食物都很隨便，不注重清潔。

契訶夫偶然走進一間樅木屋，看見裡面有個 10 多歲的男孩。這孩子赤著腳，滿臉雀斑，弓身彎背，像是準備挨打。

　　契訶夫溫和地問：「你爸爸叫什麼名字？」

　　「我不知道。」

　　「怎麼？你跟父親一起生活，竟然不知道他的名字？」

　　「他不是我真正的父親。」

　　「什麼意思？不是你親生父親？」

　　「不是，他只是媽媽的情夫。」

　　「你媽媽是結了婚還是寡婦？」

　　「是寡婦，她是因為她的丈夫才到這裡來的。」

　　「因為她丈夫，怎麼回事？」

　　「她把他殺死了。」

　　「那你還記得你父親嗎？」

　　「不記得了，我是私生子。媽媽是在卡拉的苦役犯監獄生下我的。」

　　尤其女孩們的命運更加悲慘，契訶夫親眼看到有的女孩 12 歲就賣淫，還見過 13 歲的侍妾，15 歲的孕婦……

　　他們當然很大方地和契訶夫談話，但他們也都認為，他只是政府派來的一個調查員，做些虛假的紀錄和報告罷了。

　　幾乎每一個犯人都曾經逃亡過，雖然逃亡失敗後的下場很痛苦，但還是有人從海、陸兩面逃亡，也有人逃到島的中央地帶去。大多數的逃犯都被軍方逮捕回來，當然，也有少數人逃亡成功的，他們逃到日本或美國去了。

調查收穫豐富

後來，契訶夫與一個說話有趣而又多疑的小偷和腳脖子上戴著鐐銬的犯人達成了信任，他們像朋友一樣回答了他許多問題，並親手填寫了近萬張卡片。

由於每天都要進行艱苦的調查，契訶夫累得精疲力竭，他的眼皮出現痙攣，不停地跳動，頭也痛得厲害。但他不敢休息，隨著工作的步步深入，他調查到了更真實的情況。

契訶夫認為，最殘酷的是對犯人的肉刑。

首先，由醫生對犯人做能否忍受新規定的 90 皮鞭的檢測，然後，執行者的幫手慢條斯理地把犯人綁在拷架上。

契訶夫後來描述道：

> 劊子手側身站著，每一鞭都抽在犯人身上。每抽 5 下，就換個方向，給犯人半分鐘的喘息。抽打了五六下之後，犯人的後背就出現鞭痕，跟著發紅變紫，在一次皮鞭打擊之下，皮開肉綻。
> 每當此時，犯人一邊痛苦地呻吟，一邊苦苦哀求：「尊貴的老爺！尊貴的老爺！可憐可憐吧，尊貴的老爺！」受刑人的脖子奇怪地伸長了，發出一種嘔吐的聲音。他不再說話，只是吼著，喘著。
> 打完 90 鞭之後，他們給犯人解開手腳，扶他站起來，被抽打的地方，由於淤血和出血而變成暗紫色。嘴裡發出「嗑嗑」聲，臉色蠟黃，大汗淋漓，雙眼亂轉，當給他水喝時，他慌忙地啃著茶杯，往他頭上澆一勺水，就帶走了。

9 月 11 日，契訶夫到庫頁島的南部做了最後一次訪問，對這次調查的結果，他不無驕傲地寫信告訴蘇沃林說：「島上沒有一個犯人、沒有一個移民沒有跟我交談過。用卡片登錄了差不多

10,000 個囚徒和移民的簡況,當我意識到與世界相隔萬里時,一種交匯的感情就占據了我。我彷彿要過一個世紀才能回到家中。」

10 月 13 日,契訶夫終於要離開庫頁島了,他乘上「聖彼得堡號」輪船後,寫信告訴母親:「我感到厭倦,庫頁島我已經待夠了。應該說,3 個月來,我見到的都是些苦役犯,再不就是一些只談苦役、鞭刑、囚犯而不談其他的人。真是令人沉悶的生活啊!」

輪船繞經亞洲海岸,返回敖德薩。沿途經日本海、中國海、印度洋、蘇伊士運河和西歐。

當經過中國海時,輪船遇險了,狂風暴雨使船身傾斜,眼看就要翻了。契訶夫不願落個跌入海中餵鯊魚的下場,果斷掏出手槍,準備在必要的時候開槍自殺。

謝天謝地,就在這一刻,天氣忽然奇蹟般變好了,大海一瞬間風平浪靜,輪船又平穩地向前行駛。大家興奮得跳到海水裡游泳,他還捉到一條大鮫魚,讓乘客們美餐了一頓。

輪船駛入印度洋,契訶夫一下活潑起來,他從船頭甲板上跳入水中,然後再在船尾抓住船上扔給他的纜繩,爬回船上。他對沿岸那旖旎的風光、那大片的棕櫚樹,還有當地那曬成古銅色皮膚的人們,都新奇不已。

經過錫蘭時,他到岸上觀光了 13 天,看到了大象、眼鏡蛇和顯示奇蹟的魔術師,尤其是皮膚黝黑、帶著神祕微笑的美貌女郎。他讚嘆那裡是「人間樂園」。

調查收穫豐富

12 月 1 日，輪船經海道抵達敖德薩。契訶夫先給家裡拍了電報，然後連夜登上了北行的火車。

12 月 18 日，契訶夫終於又踏上了莫斯科的土地。

契訶夫在給謝格洛夫的信中，談到這次庫頁島之行時說：「我感到極其滿足，既充實又陶醉。飽嘗眼福，心醉神迷，簡直什麼也不想了，如果因忽然中風或者痢疾把我帶到另外一個世界去，我也不覺得有什麼遺憾。我可以說：我活過了！夠本了！我已經進過地獄，庫頁島就是這樣的地獄；我也到過天堂，錫蘭就是這樣的天堂。」

在 7 個多月的長途跋涉之後，契訶夫很高興能夠回到親人、朋友和書籍中間。

在庫頁島考察得到的印象是豐富而深刻的，這些足夠契訶夫受用一輩子。此行是他生活和創作的新起點。

契訶夫一直牽掛著島上那些不幸的人，他動員瑪莎、列維坦以及其他那些朋友們為庫頁島募捐建立學校。

同時，契訶夫根據這次庫頁島之行所作的日記、筆記和腦海中的印象，創作了專著《庫頁島》。

這是一部把藝術性與科學性結合起來的大部頭作品。契訶夫寫得很慢，因為他還要進行短篇小說的創作，以便賺些稿費來維持生活。同時，他還有其他一些社會工作。

這部書從 1891 年開始，直至 1894 年才最後完成。

而這幾年中，契訶夫還寫出了近 20 篇小說，其中包括《決鬥》、〈跳來跳去的女人〉、《六號病房》、〈恐怖〉、〈鄰居〉、〈一

個默默無聞的人講的故事〉、〈大沃洛佳和小沃洛佳〉、〈黑衣修士〉等膾炙人口的傑作。

《庫頁島》於 1893 年在《俄羅斯思想》10 月號上開始連載，至 1894 年 7 月號全部登完。在《庫頁島》中，契訶夫敘述他看到一個關押囚犯的禁閉室：

> 一個普普通通的牢房，門上掛著一把笨重的大鎖，彷彿是從古董商那裡買來的。鎖響了，接著我們走近這間不大的囚室。現在這裡關著 20 個人，衣衫襤褸，蓬頭垢面，戴著鐐銬，腳上纏著破布，綁著繩子。
>
> 腦袋有一半頭髮蓬亂，另一半剃得光光，但已經開始長出短髮。他們個個面容消瘦，彷彿被剝掉了一層皮。
>
> 有一個叫索菲婭‧勃留芙施坦的女子，綽號「小金子」，原是一個天仙似的美人，曾經使所有的獄吏神魂顛倒。比如，在斯摩棱斯克有一個看守曾幫助她逃跑，而且他自己也與她一起逃走。但是經過 3 年苦役的折磨之後，這個纖巧、瘦削的女子，頭髮已經斑白，臉上堆滿皺紋，像個老太婆。

在這部著作中，契訶夫還涉及地理、歷史、生物學、氣象學、人文學、監獄學和法學等領域的敘事。特別值得提出的是，契訶夫不但在正文中引用了不少文獻資料，為避免敘事的拖沓，還將一部分資料置於註釋之中，如說及薩哈林島上的煤礦，他就提到 10 部學術著作。

這部作品發表後，在廣大讀者中產生了巨大的影響，沉重地打擊了沙皇俄國的專制政體。沙皇政府在驚慌和震怒之下命令禁止出版。

調查收穫豐富

　　但是，在社會各階層人士強烈的抗議之下，政府不得不收回命令，並派一個委員會去庫頁島「整頓」，在那裡建立了托兒所、孤兒院和學校，更令契訶夫欣慰的是島上取消了野蠻的鞭刑。

　　他對訪問庫頁島和著述《庫頁島》一書，有一種自豪之感。在 1894 年 1 月 2 日給蘇沃林的信中，契訶夫說：

> 《庫頁島》是部有學術性的著作，我將因這部著作得馬卡利亞大
> 主教獎。醫學現在已經不能責怪我的背叛：我看重學術性和被老
> 作家所譏為學究氣的素質。
> 我很高興，在我的小說的衣櫃裡，將掛一件粗糙的囚衣，就讓它
> 掛著好了。當然，《庫頁島》不會在雜誌上發表，這不是在雜誌
> 上刊登的東西，但我想它是一部有益的作品。至少你不必笑我。
> 誰笑到最後，誰笑得最好。

　　《大千世界》雜誌曾經對《庫頁島》專門評價說：「即或契訶夫先生除了這本書以外什麼都沒寫過，他的名字也會載入俄國文學史冊，而且在俄國流放史上也永遠不會被忘記。」

離開城市居住鄉村

1891 年 3 月，契訶夫不顧庫頁島旅途的勞累尚未完全恢復，又踏上了西歐的旅程。在接下來的一個半月時間內，他先後拜訪了維也納、威尼斯、羅馬、佛羅倫斯、尼斯和巴黎等地。5 月 2 日返回了莫斯科。

這次旅行對契訶夫的思想震撼非常大，收穫也十分豐富。但是，他在欣賞異國美麗風光、感受資本主義國家先進物質文化的同時，也對專制制度統治下的俄國的落後感到焦慮。

這一年來，契訶夫的家庭變化不小，伊凡在教育界混得不錯；米舍爾當上了六級文職公務員。他們都可以自己養活自己了。但是，亞歷山大又添了一個孩子，生活拮据，需要時時接濟。

秋天來臨的時候，契訶夫的肺結核病更重了。而且他的脾氣也變得暴躁，成名之後，他對自己的作品越來越謹慎，也越來越不滿意。

契訶夫寫信給蘇沃林說：

我老是覺得我的褲子裁得不合身，寫的東西感覺不對，給病人開的藥方不對症，這可能是一種精神病吧，如果我是醫生就必須有病人和醫院。如果我是作家，就必須生活在人們中間，而不是在馬拉亞。

我需要過點社會生活和政治生活，哪怕是一星半點也罷，而現在這種閉門不出，與大自然隔絕，離群索居，體弱多病，不思飲食的生活簡直不是生活。

離開城市居住鄉村

契訶夫決定要到鄉下去，因此，他在沒回國的時候，就讓米舍爾去找一個避暑的別墅。

米舍爾在圖拉省奧卡河岸上的阿列克辛諾工作，他決定在這個風景秀麗的小城為三哥找一個好地方。

於是，契訶夫在回國的第二天，連行李箱還沒打開，就與全家人一起前往阿列克辛諾米舍爾剛剛租下的別墅。

從一開始，契訶夫就抱怨這裡太狹小，總是叫人「感到煩悶和傷感」。只住了兩週，他就決定要換個地方。

1891 年，俄國許多省發生了大饑荒，人民生活在水深火熱之中，契訶夫懷著一個作家的強烈責任感，在 1892 年初，冒著嚴寒，到受災最嚴重的尼日哥羅德省，找他的一個在當地做官的朋友，進行救災工作。

在趕往尼日哥羅德的途中，契訶夫在暴風雪中迷了路，他險些被凍僵死在路上。後來萬幸終於找到了朋友，他們發起募捐，建立食堂，賑濟災民。

參加救災工作回來後，契訶夫更迫切地感到需要生活在人民中間。在他看來，只有一種解決辦法：在鄉下買一座舒適的房子。這樣，第一，可以減少開支，因為鄉下的生活費用較低；第二，可以在新鮮的空氣中恢復健康；第三，可以避開城中那種無益的喧鬧；第四，可以在不受干擾的情況下，從事一項長期的工作。另外，即使住在鄉下，也不會耽誤他在冬天到聖彼得堡去看望朋友們。

他的弟弟妹妹為了購置莊園而四處奔走。最終，在離莫斯科

80 公里的郊區找到了一座已空了很久的莊園，因為它們位於梅利霍沃村，人們叫它「梅利霍沃莊園」。

米舍爾和瑪麗雅實地看過後，回來對三哥說：「那個莊園占地 213 公頃，有一半地覆蓋著稀稀的樹木，另一半是荒蕪的牧場、果園，還有一條小得不能再小的河，以及兩個水塘。不過住宅比較新，3 扇窗戶對著草場，室內很明亮。」

契訶夫欣喜不已，他說不用自己再去看了，馬上開始談判購買。只是，當時要連裡面的牲畜器具一起賣給他，3 匹馬、1 頭乳牛、1 架鋼琴等共要價 13,000 盧布。這遠遠超過了契訶夫的想像。多虧蘇沃林給他解決了這個難題，預支給他 4,000 盧布的稿費。其餘部分以抵押貸款方式支付。

1892 年 3 月 4 日，莊園裡還覆蓋著白雪，正是春寒料峭的時候，契訶夫一家高高興興地搬進了梅利霍沃莊園的新家。

搬進新家之後，契訶夫的心情很好，儘管周圍還是一片白雪，他還是走遍各處，察看花園、樹林，接觸那些對他還很陌生拘謹的農民。他為生平第一次有了自己的莊園而高興。

離住房不遠是一個不大的池塘，契訶夫利用工作休息的時間，一天之內到那裡去四五趟，把周圍的積雪鏟到池塘裡，為的是到夏天時水能更多些。

莊園荒蕪已久，但他們一家都是勤勞的人，大家一齊動手，有的修理房子，有的整頓花園，有的整頓菜園，有的負責播種。春耕時沒請人來，大家一起下地。最初，契訶夫感到腰酸腿疼，做了一些日子，慢慢也就習慣了。

離開城市居住鄉村

　　經過半年多的修繕，一個荒蕪的小莊園煥然一新了，成為一個優雅潔淨、處處充滿生機的「契訶夫莊園」。

　　契訶夫又購買了一些雞、鴨、鵝來飼養，還買來一頭小牛，他看著林蔭路兩旁的高大樹木上築著的鳥屋，高興地在上面寫了「椋鳥兄弟」幾個字，回到家裡，馬上興致勃勃地寫信給蘇沃林：

> 我太高興了，因為我再也無須在莫斯科住公寓了！我一輩子從來
> 沒有感到這麼方便。坐在有 3 扇大窗戶的工作間裡，我感到心曠
> 神怡。哪怕插上一根木棍，它也會長起來。
> 到將來老了我不能工作時，就在我的莊園裡做一名園丁，一定能
> 添壽 10 年。

　　莊園共有 11 個房間。契訶夫給每一間房子都取了名字：書房、會客廳、飯廳。另外有一間命名為「普希金室」是由於裡面掛著亞歷山大・斯馬金贈送的一幅普希金大肖像。

　　最好的一間當然是契訶夫的書房，房間寬敞明亮，安置著威尼斯式的大窗和防風用的風鬥、壁爐、土耳其式的大沙發。

　　每當大雪紛飛的日子，雪堆得都高過了半個窗戶。契訶夫的女友莉卡經常來做客。有一次，有隻小兔站在窗外的雪地上，後腿站立起來一直向屋內窺視。契訶夫笑著說：「看哪，兔子欣賞你，忌妒得眼睛都紅了。」

　　春天，契訶夫親手栽種的蘋果樹成活了，盛開的鮮花也從窗外向室內探進頭來。

　　其餘的屋子是父母和小弟、妹妹的，每間房都展現了它們主人的風格。巴維爾的屋裡掛著他年輕時繪製的聖像，桌上擺著

《聖經》，他經常一個人在屋裡進行祈禱，小聲地吟誦聖歌。

瑪麗雅是中學教師、畫家，是一位精明、莊重而又美麗的女孩。她非常愛自己的哥哥，在她潔白樸素的房間裡，一直懸掛著契訶夫的大幅照片，可見哥哥在她心目中占據著最重要的位置。這一時期，由她照管莊園的一切，她像三哥當年一樣，成為一家的「靈魂」。

搬到梅利霍沃不久，人們知道了契訶夫原來是一位醫生，於是逐漸有些農民來找他看病，慢慢的，方圓幾十公里的農民都來問診。契訶夫在搬到這裡時，帶了一車藥物和醫療器材，完全可以開一個診所，這時正好派上了用場。

他每天上午都要接待病人，仔細、溫和地為他們診斷，並給他們免費提供藥品。

這樣一來，來治病的人越來越多，天還沒亮，院子裡就已經排起了長隊。甚至半夜有人喊他，他立即披衣就診，或者出診到患者家中去。

第一年，契訶夫就診治了大約 800 多個患者。

除了病人，家裡進進出出的人太多了，其中有契訶夫和瑪麗雅的朋友，有鄰居，還有來湊熱鬧的人。家裡到處都搭起了臨時床鋪，客人們 4 個人睡一個房間。有的甚至睡在走廊裡。

在梅利霍沃居住的 6 年裡，契訶夫還被選為地方議會的議員。他用自己多年的積蓄建立了 3 所學校，還為當地修築了公路，擴建了鄉村醫院。

另外，契訶夫也沒有忘記故鄉塔甘羅格，他幫助故鄉擴建了

圖書館，贈送了大批書籍。

當然，他也不會忘記庫頁島上那些不幸的孩子們，他募捐到 2,000 多冊圖書，裝箱寄給他們。

這一時期，契訶夫很少離開莊園到莫斯科和聖彼得堡去，他除了幫農民、工人治病外，還時常到附近農村裡、工廠裡去晃晃，深入民間調查，找人談心，詳細地詢問他們的生活情況。

由於契訶夫的平易近人，農民們有什麼疾苦，或者心裡有什麼煩惱，也都喜歡向他傾訴。

契訶夫從中吸取了寶貴的創作素材，在這一時期，他的創作也進入了全盛時期。

創作《六號病房》

　　契訶夫從莫斯科遷到鄉村，不是為了到世外桃源過隱居生活，而是為了更廣泛、更深入地接觸人民群眾。事實確實如此，他根本無法過隱居的生活。

　　附近的、遠處的農民們都慕名找他看病，病人多的時候，妹妹也不得不給他當助手，打針、包紮、取藥以及協助簡單的外科手術。

　　由於契訶夫看病不收費，那些淳樸的農民都有些過意不去，他們問契訶夫醫生：「你看病不要錢，靠什麼來生活呢？如果你出了事可怎麼辦呢？你又不會做生意，你們全家靠誰養活？」

　　契訶夫笑著回答說：「那我就娶個女老闆哪！」

　　其實，契訶夫依然像過去一樣，受著金錢匱乏的折磨。他在周遊歐洲時，就已經欠了蘇沃林許多錢，後來買下梅利霍沃莊園，又是從蘇沃林那裡預支的。雖然妹妹瑪麗雅、弟弟米舍爾可以自食其力了，但他卻還要補貼一直跟他叫窮的大哥亞歷山大，他又添了孩子。父親巴維爾也不在加夫裡洛夫家做事了，回到家讓契訶夫養著。

　　為了使經濟不再發生恐慌，契訶夫決定同時從事 3 項工作：星期一、二、三來撰寫關於庫頁島的文章；星期四、五、六，繼續寫他的長篇敘事體小說《決鬥》；星期天，為了放鬆和調節一下，他將繼續寫一些短篇小說。

創作《六號病房》

　　契訶夫每天黎明四五點鐘起床，喝完自己煮的咖啡就開始在一個寬窗臺上而不是桌子上寫作。

　　上午 11 時，他一般都去採蘑菇或釣魚。13 時吃午飯，飯後總要睡上一下子，醒來就立即執筆工作，一直創作至夜幕降臨。

　　一下午的辛勤寫作後，契訶夫就可以輕鬆的與家人和客人們一起共進晚餐了。晚餐後，大家聚集在寬敞的客廳裡，海闊天空地聊天，一直聊到很晚。

　　從庫頁島回來之後，契訶夫的腦子裡一直出現一種幻景，彷彿整個俄羅斯是一個令人恐怖的監獄，人們生活在圈著柵欄、安著崗哨的四堵牆內。

　　回想起庫頁島上的那些野蠻、痛苦和災難，契訶夫對以往信奉的托爾斯泰哲學及不抵抗主義有了更深的懷疑。

　　這年冬季的一天，契訶夫呆呆地坐在梅利霍沃莊園一個廢棄的木板房裡的草堆上，

　　像往常一樣，每逢嚴冬來臨，契訶夫的心情就又變得憂鬱了。看到眼前的景象：荒涼的田野覆蓋上了皚皚白雪，樹木盡成了禿枝，農民們把破衣爛衫裹在身上，他又聯想到自己在庫頁島上的所見所聞，想到了偉大的現實主義畫家列賓，列賓曾創作出名畫《伏爾加河上的縴夫》，深刻地提示俄國社會黑暗和人民生活的極端痛苦。

　　契訶夫突然眼前一亮：就寫一座監獄如何？

　　但他轉念又一想：「恐怕不行，檢查官那裡怕是通不過。嘿，乾脆就寫精神病院吧！庫頁島上的病人哪個不像精神病人？不好，還是太顯眼，不如寫一個『病房』。」

契訶夫儘管在文學上取得輝煌碩果，但他從來沒有放棄醫學。尤其是經過 1892 夏季漫延俄羅斯多個省的霍亂，契訶夫作為地方議員，克服重重困難積極救治病人，與俄羅斯農民一起經歷了痛苦與悲哀。

「好，小說的名字就叫《六號病房》。」契訶夫說完，馬上從草堆上爬起身來，奔向寫作間。

幾天之後，世界文學史上的傑作《六號病房》就誕生了。

第六病房是一個具有象徵意義的符號，一方面既是指真正具體的病房；另一方面也是沙皇俄國暴政，整個黑暗社會的一個縮影。小說裡的「病人」代表著正在受苦受難的各式俄羅斯下層貧困人民，不止是物質上的受苦受難，同時也包括精神上的煎熬。

這座所謂的病房，實際上就是沙皇俄國統治下的那些下層人民的監獄。小說正是以這個病房為主要場景，主角是兩個知識分子，以他們的爭論作為情節的發展，並最終以這兩個人的悲劇作為收場，從而揭露了沙皇俄國監獄一般的生活狀態，描繪了沙皇俄國的黑暗現實，表達了契訶夫對腐朽統治的憤慨。

小說裡的兩個主角，明顯都不是什麼所謂的病人和瘋子。

格羅莫夫，他的頭腦也許比誰都要清醒，比在監獄外面自由行走的那些人還要理性，還要明白這個社會現狀。也正是因為他的明白，他有點胡思亂想，這是一種憂慮，對這個社會威脅一種本能的自衛，一種精神上的緊張，絕不構成精神病。但很可笑的是，他就被囚禁在這個第六病房裡，他不是病人，他是被迫害的可憐蟲。

而拉京，是這家醫院的主治醫生，他確實有點安於現狀，即

創作《六號病房》

使他對現狀有著不滿，卻深知以他一個人的力量不足以去改變什麼。不要說這個社會那種壞掉的風氣，就是這家醫院，他也未必能夠改變什麼。因為大家都那麼做，大家都習慣這麼生活和工作著。你的異行、你的與眾不同的舉措將觸動他們那些麻木的神經，陌生會讓他們恐懼，存在會變得不安分，進而遭受到他們的反抗，安德烈醫生的結局正是這樣。

拉京也和格羅莫夫一樣，也明白這個社會的處境，可是他的性格和言論主張卻存在著差異。拉京懼怕生活，因此逃避問題，他感到自己的軟弱無力，所以他自欺欺人，不予反抗，向現實妥協求得安穩的生活。

而格羅莫夫有著拉京身上沒有的激情，他對這個社會的不滿發泄在言辭上，他提出抗議，他要出去，他要離開監獄，他渴望自由。

可是格羅莫夫深深地感到這種願望的不可能，他知道，第六病房只是俄國這個大監獄的一個小小的囚室而已。即使離開了這個小囚室，他還是逃不出俄國這個大監獄，他永遠也無法得到那種在大街上行走的自由。

格羅莫夫的生活充滿壓抑和不安，時時透不過氣，他時時想要砸開這個監獄的門，逃離這個非人的地獄。

拉京在遇到了格羅莫夫後，格羅莫夫激烈的言辭和激情的抗議，讓他重新認識了自己，改變了他原來的一些看法，慢慢地從麻木的自己中清醒過來，並將格羅莫夫視若知己，心裡非常高興，經常往病房裡跑，同格羅莫夫交換看法。

正因為拉京這種反常的現象，心裡剛剛產生出一點反抗的意識，很快他就被判為瘋子、病人，關進了這個病房。

　　兩個正常的人，就這樣被折磨玩弄。專制的程度可見一斑，尤其是精神上的專制。不止是格羅莫夫這樣很明顯地反對和不滿、激烈抗議社會黑暗的人遭受無情的迫害，就連本來溫和忍耐的人，才剛剛接近格羅莫夫，交往多一點，而剛剛有點清醒的意識的時候，也遭受了上級政府的毒手，並且最終被迫害致死。思想控制上的嚴峻和專制，讓那些所有還有著知覺的俄國人民都不寒而慄、心驚膽顫。

　　這個第六病房並不需要大，這樣的囚室雖然小，但是它產生的社會效應卻是巨大的，有著一種精神性的震懾力，大家都知道它代表著什麼。下層的人民、貧苦的勞動人民、稍有正氣的知識分子，看到它都要畏懼三分，即使你心知肚明，這就是可惡的思想專制。可是，正如安德烈的迷茫一樣，在黑暗的現實裡感到深深的軟弱無力。

　　拉京死了，第六病房裡的人還囚禁著那幾個病人，他們繼續他們苦命的生活。格羅莫夫還在高喊他的「我快透不過氣了」，憤怒地想要「砸開這個門」。而其他的幾個人，還要在尼基塔的眼皮下生活，維護他們的秩序，還要在這樣的思想監視下不聲不響地活下去。這一場鬧劇看來不會那麼容易結束。

　　1892 年冬，《六號病房》在《俄羅斯思想》雜誌上發表後，立刻震動了全俄羅斯。

　　不過《六號病房》也引起俄國不同而有趣的詮釋，有些評論

創作《六號病房》

家認為，這篇小說主要是揭發俄國許多公立醫院的內幕。更有許多批評家認為，這篇小說是契訶夫對托爾斯泰主義的攻擊，因為拉京的哲學觀點與托爾斯泰主義有某種吻合與影射。

但契訶夫與以前一樣，恪守自己的習慣，拒絕說明這部中篇小說的內在含義是什麼。在他看來，作家的職責是奉獻作品，而不是對它發表評論。

然而，大多數的俄國知識分子都看出了《六號病房》的象徵意義，它其實就是整個俄國現狀的縮影。

當時，年輕的列寧正住在薩馬拉，他一向很喜歡契訶夫的小說。這年冬天，他讀了《六號病房》之後，立刻聯想到專制的俄羅斯和它的黑暗的監獄制度。

列寧告訴姐姐：

昨天晚上我讀完這篇小說，感到可怕極了。我在房間裡待不住，就站起來走了出去，我覺得自己好像也被關在第六病房一樣。

第二年秋天，青年列寧在《六號病房》的強烈感召之下，毅然離開薩馬拉，投身到聖彼得堡反對沙皇專制統治的革命活動中。

著名畫家列賓在讀了《六號病房》之後，激動地給契訶夫寫了一封信：

為了您的《六號病房》我是多麼感謝您啊！這篇文章裡湧出一股強大的感染力。簡直難以置信：這樣一篇小說，怎麼到最後竟會出現這樣一種無法形容、深邃、博大、具有人類意義的思想！您真是一個大力士！我震驚、入迷，我慶幸自己還沒有落到拉京那種境地，但願能夠避免這個苦悲！

托爾斯泰也對《六號病房》表示了他肯定的看法。

　　《六號病房》是契訶夫的成熟作品，表現了他在思想上的巨大飛躍，契訶夫的創作達到了高峰。

《海鷗》引起轟動

1895 年底，契訶夫繼《伊凡諾夫》多幕劇創作之後，完成了經典劇本《海鷗》的創作。《海鷗》是契訶夫最有個性的一部作品，從它誕生之後，契訶夫被公認為天才的劇作家。

當時，著名戲劇家、導演符·伊·聶·丹欽科是梅利霍沃莊園的常客，他一再邀請契訶夫寫劇本，《海鷗》就是在他的鼓勵下寫成的。他們從 1887 年冬天就在莫斯科相識了。那時，契訶夫的第一個劇本《伊凡諾夫》剛剛上演，丹欽科從中發現了契訶夫不同尋常的戲劇才能。

丹欽科一直鼓勵契訶夫，千萬不要放棄劇本的創作。

契訶夫的女友莉卡是他妹妹瑪麗雅的同學，她們在勒熱夫中學又是同學。當時，莉卡是一位年方 19 歲的美麗女孩，就像俄羅斯童話裡的「天鵝公主」。

莉卡擅長音樂，熱愛戲劇，契訶夫的家人都喜歡她，尤其令契訶夫情迷神往。而莉卡也被契訶夫的才華所吸引，他們之間的關係很快就發展到了戀愛的邊緣。

但是，契訶夫有著過強的理性，他一直不肯表露自己的這種感情，只是與莉卡開一些流露傾慕之情的玩笑。而一旦莉卡表示出結婚的要求時，他卻又找藉口拒絕，令莉卡有時難以捉摸他的真實想法。

莉卡在失望之餘，終於愛上了梅利霍沃的另一位常客 —— 出

色的小提琴家波達邊柯。

在莊園舉行的聚會上，他們經常舉行二重奏，莉卡唱歌，波達邊柯伴奏。

可在 1894 年，波達邊柯誘騙了莉卡的感情後，又把她拋棄了。莉卡生下一個孩子，但不久那嬰兒就夭折了。

契訶夫在悲憤之中，把自己的感受寫進了《海鷗》男主角特里戈林的形象之中。而女主角妮娜的形像在某種程度上則是莉卡遭遇的真實再現。

而至於劇中文學觀點的創作體會，則是契訶夫本人的感受。妮娜送給特里戈林一個刻有書寫字的紀念章，這一情節也是來自契訶夫本人的生活。

1895 年 2 月的一天，契訶夫收到了《俄羅斯思想》雜誌主編高爾采夫轉給他的一個精緻的小包裹。裡面是一個漂亮的小盒子，盒子裡裝著一個金質的錶鏈墜子。樣式很特別，也很有趣，既不是通常的圓形、菱形，或長方形，也不是那種俗氣的象徵愛情的心形，而是一本書的模型。書的一面刻著：《安·契訶夫小說集》；另一面刻著：「第二百七十六頁，第六行和第七行。」

按照這個頁碼翻開《契訶夫小說集》，就會在〈鄰居〉這篇作品裡，找到從特里戈林嘴裡讀到過的這樣兩行文字：「要是你什麼時候需要我的生命，來，拿去就是。」

多麼新奇的禮物，多麼真誠的愛的表白！從這簡短的一句話裡，似乎可以感受到一顆充滿著矛盾、痛苦，並與這種複雜感情進行搏鬥的靈魂的輕微的顫慄。

《海鷗》引起轟動

這，到底是誰的贈品？契訶夫立刻就明白了，完完全全地明白了：這是 28 歲的女作家阿維諾娃的禮物。

契訶夫仔細地把禮物珍藏起來，他一聲不響，既不回信，也不去看望。這是明明白白地表明他們相愛幾年了，已經達到心心相印，靈犀互通的程度，愛得熱烈而又深沉，純潔而又高尚。但他們又都明白，結合在一起，那是絕對辦不到的。阿維諾娃不僅有一個熱愛自己的丈夫，而且已是 3 個孩子的母親了，如果她要交出自己生命的話，那絕不是一個，而是 4 個，連孩子們在內。

有一回，契訶夫和阿維諾娃與幾個朋友在一起閒談。有人談道：因為選錯了丈夫或妻子而不得不破壞夫婦生活，這樣做對不對？有的說，這裡根本不存在什麼對不對的問題，既在教堂裡證過婚，就不能變動；有的舉出了種種理由來激烈地反對。

契訶夫聽著，一語不發，但突然向阿維諾娃小聲問道：「您的看法呢？」

阿維諾娃不假思索地說：「先得斷定這樣做值不值得。」

「我不明白，怎樣叫值不值得？」

「值不值得為了新的感情而有所犧牲。要知道，犧牲是不可避免的，首先是孩子們。應該想到犧牲，而不是想到自己。這樣一來，值不值得就很清楚了。」

這就很清楚了，他還不能作任何答覆，但又必須有所答覆。

《海鷗》的顯著特色是它的雙重主題，即反映人們日常生活的愛情主題和帶有濃厚抒情色彩的藝術主題，並且這兩個主題互相滲透，互相促進，從不同角度和正反兩面揭示了作品深刻的思想內涵。

劇本充滿了一系列繁複的愛情糾葛：特里波列夫愛妮娜，妮娜愛特里戈林，阿爾卡基娜愛特里戈林，波琳娜愛醫生多爾恩，瑪莎愛特里波列夫等，這些愛情故事像生活本身一樣，互相糾纏，平淡而又雜亂，但實質上是由一條強有力的潛流貫穿著。

　　契訶夫透過這些表面平淡而又雜亂的故事，向觀眾揭示了一個真理：

> 個人的幸福和廣大人民的幸福是緊密聯繫的，愛情和植根於現實生活的崇高理想是互相聯繫的。

　　作品雖然寫了一系列的愛情故事，但這些愛情故事卻沒有一個得到完美的結局。特里波列夫和妮娜的愛情，由於藝術道路的不同而夭折了；特里戈林的愛情是低級、庸俗的；瑪莎對特里波列夫的愛情，到頭來也只不過是單相思而已；多爾恩與波琳娜的愛情由於生活趣味的不同，也並沒有得到幸福。

　　這一系列的愛情故事說明，愛情若離開美好的理想，就不可能開出絢麗的花朵。

　　《海鷗》裡面有一句臺詞很好地闡明了契訶夫這時的價值觀：

> 在所有的事業中，榮譽和榮耀並不重要，甚至連夢想也不像想像的那麼重要。重要的是忍耐，忍耐是一種信仰和使命。有了信仰，就不再痛苦；而知道使命，也就不再害怕生活。

　　契訶夫一再強調，《海鷗》是喜劇，是具有發人深省的含意的。《海鷗》充滿濃郁抒情色彩的藝術的主題，也是隱藏在生活潛流下面的真正內在主題。這個主題充滿了詩意：只有真正獻身於人民的藝術家，才是生活的強者，才能成為展翅高飛的海鷗。

《海鷗》引起轟動

這個主題包含極為豐富的內涵，既揭示了藝術家的使命，藝術道路的艱辛，又強調藝術家必須有克服重重困難的勇氣和不屈不撓、堅持到底的毅力。

在劇本中，藝術的主題主要是透過對照手法來揭示的，契訶夫有意加以強調的是特里波列夫和妮娜兩個青年不同藝術道路的對照。

特里波列夫走的是一條遠離現實生活的頹廢主義道路。他有些才華，也想在藝術上有所創新，但是他的生活圈子太狹隘，他遠離人民，遠離社會現實生活，沒有找到藝術的源泉。

特里波列夫個性軟弱，屈服於小市民庸俗生活的壓力，喪失了前進的勇氣，成為一隻被生活折斷了翅膀的海鷗。他常常沉浸於痛苦之中，對人生並無留戀，這種苦悶消沉的情緒，導致他走上頹廢主義的藝術道路。在遭受愛情和藝術的雙重失敗後，不得不以自殺告終。

導致特里波列夫毀滅的根本原因，是他缺乏「中心思想」，他的生命沒有支撐點，遇到打擊，他的精神就完全崩潰了。

而妮娜和特里波列夫所走的藝術道路不同，從而決定了他們的命運也不盡相同。妮娜是個外貌和心靈都很美麗的女孩，她熱情活潑，積極追求美好的理想。在走向藝術的道路上愛情曾為她帶來諸多煩惱和痛苦。

妮娜和特里波列夫之間，曾經有過熱烈而純潔的愛情，後來她明白這個年輕人太脫離實際，性格太脆弱，對她的藝術事業不可能有所幫助，於是她離開了他，投入已經成名的作家特里戈林的懷抱。

她的第二次愛情是由於對「天才的敬佩」所引起的。在特里戈林和特里波列夫之間她毅然選擇了特里戈林，這是由於她崇拜天才，幻想這個作家能在藝術事業方面指引她，幫助她。

　　但是，特里戈林並不像她所想像的那麼高尚，他和妮娜的戀愛只不過是逢場作戲，他很快就拋棄了她，又回到了阿爾卡基娜的身邊。這樣，妮娜甜美的愛情之夢很快就破滅了，接著，她心愛的嬰兒又不幸夭折，一連串可怕的打擊沉重地落在她的身上。

　　但是，剛強的妮娜並沒有被壓垮，她不是一隻被毀滅的海鷗，她勇敢地面對嚴峻的現實生活，一次又一次地經受住了生活的考驗。在艱苦的藝術生涯中，她逐步成熟起來，她的信念更堅定了，她從一個充滿幻想的少女鍛鍊成了一個有堅強意志的「真正的演員」。

　　後來，妮娜在與特里波列夫重逢的時候很自豪地說：「我在演戲的時候，感到一種巨大的歡樂。我興奮，我陶醉，我覺得自己偉大，感到自己的精神力量一天比一天堅強了。」

　　她還說：「現在，我知道了，我懂得了在我們這種職業裡，主要的不是光榮，也不是名聲，更不是我所夢想過的那些東西，而是要有耐心，要懂得背起十字架來，要有信心。」

　　這一段話，是妮娜對自己藝術道路的總結，包含了她對藝術事業的體認，也表達了她對演員生活的熱愛。妮娜不是特里波列夫所射死的海鷗，也不是特里戈林所構思的短篇小說中的一個男人「因為沒有事情可做」便把她毀滅了的海鷗。妮娜是一隻展翅高飛的海鷗，她衝破一切障礙，在藝術的廣闊自由的天空勇敢地飛翔。

《海鷗》引起轟動

契訶夫曾說過：「應盡力使得人物的精神狀態能夠從他的行動中看明白。」

劇本內部的活動要比外部豐富得多，深刻得多，顯然契訶夫對日常生活作了哲學性的概括。

契訶夫的劇本不是憑藉驚人的事件，不表現峰迴路轉的外部衝突，沒有淺露的激動和興奮，沒有冗長的哲學和道德議論，而是遵循生活本來的邏輯發展，從那些常見的、平凡的、瑣細的生活中，揭示了難以覺察的人的精神世界的變化。

在第四幕開頭：花園裡多麼黑呀。應該叫人把那個戲臺拆掉。立在那裡，有皮無肉的，看著叫人害怕，真像個死人的骨頭架子，大幕也被風吹得「嘩啦啦」的。昨天晚上我從它旁邊經過，彷彿聽見那裡有人在哭。

戲臺對特里波列夫當然具有特殊的意義。就是在這裡，他全然失掉了自己青春的詩意，愛情與夢想，像海鷗失掉湖水一樣，當然也失掉了他開拓未來的意志和力量。生活是如此的嚴峻與無情啊！在夜晚「半明半暗」的油燈下，這樣的敘述氛圍，既是對即將臨近的特里波列夫命運的暗示，也更加強了特里波列夫命運的悲劇性。

契訶夫奠定的這種新戲劇技巧的基礎，不是靠光怪陸離的外部效果，也不是憑新奇動人的情節變化，而是依靠對於生活最深邃的意義的揭示和對於人物精神性格最奧祕之處的挖掘來激動人的心靈、引起觀眾共鳴的。

契訶夫所獨具的風格，就是深刻的抒情詩意和哲理性。這種

特點不是觀眾一下子可以發現的。因為契訶夫從來不把生活的真諦直率地說出，也不是在急遽發展的情節中把主題表明出來。而常常是在劇中人因探索生活問題而激起的精神波紋與另一人物同樣的波紋的交織中暗示出來的。

特里戈林與妮娜分別的一場，他們很少談到走、分別和不願表白的愛情，而是在談關於作家的使命、關於一隻被打死的海鷗。這裡關於作家的使命的問題正表明特里戈林這個作家雖然認識到藝術只有為千百萬人服務才有生命，而他本人卻只能圍繞在一個女人身邊夢想光榮。

關於被打死的海鷗，似乎象徵著妮娜被愛情毀掉。而實際上同後來妮娜經受了生活的考驗而獻身藝術事業聯繫起來看，妮娜是堅強的，這證明藝術只有面向人民，才能像海鷗那樣不被毀滅而是高翔起來。

這種深刻的詩意的哲理性被契訶夫深深地發掘了出來，而且他在表現它時，又是用象徵，又是用大段的獨白，又是與外部不聯繫的事件交織在一起。

高爾基指出了契訶夫的這種雙重結構：

一方面，契訶夫在表面上表現直接的現實；另一方面則潛藏著詩意的概括，這種概括中有一種內在的音樂性和思想性，這就構成了一種潛流。

傑出的戲劇家斯坦尼斯拉夫斯基在契訶夫這種新型戲劇中發現了自己演劇的基礎。對潛臺詞的發掘，構成了世界三大表演體系之一的體驗派的表演原則與技巧，開創了演劇藝術的新階段。

《海鷗》引起轟動

不過，1896 年 10 月 17 日，對契訶夫而言，卻是個「黑色的星期天」。《海鷗》在聖彼得堡的亞歷山大劇院首次公演時，竟然遭遇了慘敗。

在寫作期間，契訶夫本人也承認自己「完全忽視了舞台劇應當遵守的基本原則」，不僅僅是表現在劇中的對話過於繁雜，還出現了「冗長的開頭、倉促的結尾」的情況。

彩排期間，契訶夫曾經請求演員和導演放棄通常那種言過其實的表現形式，好讓觀眾得到理解作品的機會。

由於意識到了這部作品的厄運，契訶夫幾乎撤回了出版許可，甚至不打算參加首演。當上演到第二幕的時候，他為了躲避觀眾的噓聲和嘲弄，躲到了舞台後面。

這次演出的失敗是一些偶然因素起了作用。首場演出是為在商界和政界享有極高聲譽的著名喜劇演員列夫凱伊娃夫人舉行的福利演出。在確定演員時列夫凱伊娃未擔任任何角色。然而忠實於她的觀眾擠滿了劇院大廳。他們就是為欣賞喜劇作家輕鬆逗樂的喜劇和著名喜劇演員的演技而來的。

起初他們都以為上演的是非常有趣的喜劇，都希望能在觀賞過程中樂一樂、笑一笑，使精神得到愉悅。可是他們慢慢發現這完全不是滑稽逗樂的喜劇，而是一個使人感到彆扭的情調陰鬱的嚴肅東西。而且列夫凱伊娃根本沒有出場，這使觀眾感到受了欺騙。大廳裡驟然喧嚷起來，笑聲、喝倒彩聲、口哨聲四起。

面對那種場面，契訶夫感到震驚。他臉色蒼白，神情沮喪，起初坐在列夫凱伊娃的化妝室，然後又走到後臺去。他焦躁不

安，急於等待演出終場，徹底失敗的結局已在所難免了。

演員們非常吃驚，驚慌失措，忘記了如何扮演自己的角色，只好稀里糊塗演下去。往後演出效果一幕比一幕糟，大廳裡成了喧鬧的海洋，笑聲中還夾雜著叫罵聲、怒吼聲。

這場演出中薇拉也沒有演好，雖然契訶夫對她寄予厚望。這一切好像是故意砸鍋似的，觀眾也好像是故意挑選的，全是一些滿腦子守舊思想帶著小市民欣賞習慣的人和滑稽劇的狂熱愛好者。

然而這次演出的失敗還有深層次的原因。那時劇院裡的表演水平還達不到契訶夫戲劇革新的要求。最多只能把外部動作和語言展現給觀眾，而不善於表現微妙的心理活動和體驗。

凌晨 2 時，契訶夫獨自一人在大街上游蕩。回到家以後，他對一個朋友宣布：「如果我不能活到 700 歲，我就再也不寫戲劇了。」

《海鷗》公演的第二天，聖彼得堡的各家報紙發出各種評論：

昨日隆重的福利演出，被前所未聞的醜陋蒙上了一層陰影。我們從未見過如此令人暈眩的失敗的劇本。

我們很久沒有遇到如此失敗的戲劇了。

契訶夫的《海鷗》死了，全體觀眾一致的噓聲殺死了它。

這不是一隻海鷗，而只是一隻野鴨。

契訶夫回到梅利霍沃後，馬上投入了緊張的工作：寫小說，為農民看病，參加地方議會，為塔甘羅格建立圖書館，關心生病的列維坦。契訶夫用這些來回答聖彼得堡給他的侮辱。

《海鷗》引起轟動

1896 年年初的幾星期裡，契訶夫開始整理這個劇本，幾乎全部推翻。他第二次把寫好的劇本寄給了波達邊科。

聖彼得堡審查委員會對劇本做了一些細節上的修改後，於 1896 年 8 月 20 日通過了劇本。9 月 8 日，正當契訶夫在費奧多西亞蘇沃林家中做客時，波達邊科發來電報說，聖彼得堡的亞歷山德林斯基劇院同意，預定於 10 月 17 日公演《海鷗》。並且，劇中的角色將由一些極為出色的演員擔任。

10 月 7 日，契訶夫動身前往聖彼得堡，到達後的第二天，他就坐在亞歷山德林斯基劇院黑暗的劇場裡觀看排演。

契訶夫這期間卻意外地又遇到了阿維諾娃。

一年後，他們意外地相會了。在一個作家舉辦的假面舞會上，阿維諾娃化了裝，她戴著假面具，嘴裡含著一枚核桃，改變了自己原有的嗓音，徑直走到契訶夫的面前，站住了。

「看見了你，我真高興！」她說。

「我不認識你，假面人。」契訶夫仔細地瞧著她，回答道。

真的不認識嗎？不，契訶夫一眼就把她認出來了。契訶夫挽住她的手臂，帶到一個空無一人的走廊上。

「你知道，我的戲不久就要上演了。」

「我知道，《海鷗》。」

「那就很仔細地看吧，我要在戲裡答覆你。可是務必要仔細聽，別忘了。」

「你要回答我的什麼問題呢？」

「回答許多問題，務必細心聽戲，都記住。」

阿維諾娃等待著契訶夫的這個許諾，她不安地等待著這一天。

10 月 21 日，當第二次公演機會到來的時候，《海鷗》卻得到了人們狂熱的追捧，並且很快遍及全國。

當時，劇院裡座無虛席。在特等座位上，一位年輕、美麗、穿著典雅大方的女士，正聚精會神地注視著舞台。她滿臉緋紅。看得出來，阿維諾娃是帶著一種特別激動、緊張的心情來觀看這次公演的。

第三幕開始了，女主角妮娜與劇作家特里戈林在告別，她遞給他一枚紀念章，接著說：「作為臨別紀念吧！我讓人把你姓名的第一個字母，刻在上邊了；另一面刻上了你的一本書的名字。」

「這太可貴了！」特里戈林吻了吻紀念章說，「多麼可愛的禮物啊！」

妮娜走了，特里戈林拿著紀念章翻來覆去地愛撫著，清清楚楚地讀道：「第一百二十一頁，第十一行和第十二行。」然後走到一邊，又把這些數字讀了一遍，問剛剛走進來的女主人：「這裡有我的什麼作品嗎？」接著又讀道：「第一百二十一頁……」

他拿到了那本書，找到了那幾行，然後一字一句地讀著：「要是你什麼時候需要我的生命，來，拿去就是。」他走到一邊，把這句話又重讀了一遍。

這樣一個並不特別顯眼的情節，卻在阿維諾娃身上，產生了意想不到的藝術效果。她一下子呆住了，好像透不過氣來，腦

《海鷗》引起轟動

子「嗡嗡」直響。但她還是強作鎮定，努力地記住了那幾個數字，在心裡默默地念了好幾遍：第一百二十一頁，第十一行和第十二行。

演出結束後，她心慌意亂地坐上馬車，向家裡馳去。

「看來這就是回答，他從舞台上次答我了：第一百二十一頁，第十一行和第十二行。」阿維諾娃在心裡默誦著這幾個數字。

「但這個數字跟我刻在錶鏈墜子上的完全不同。到底是怎樣的回答呢？」她焦灼不安地想。

回到家裡，她找到契訶夫的集子，用顫抖的手，翻到第一百二十一頁，找到那兩行：「可是你為什麼那麼入神地瞧著我？你喜歡我嗎？」

不可理解。什麼意思呢？這不是開玩笑嗎？她躺到了床上，忽然又爬了起來。腦子裡閃電似的升起了一個念頭：「對我的回答，為什麼不會在我的書裡選出兩行呢？」

她急忙找到了自己的小說集《幸福的人》，按頁碼翻到那兩行，念道：「年輕的女孩們不應該去參加假面舞會。」

對了，這才是真正的回答。它確實回答了許多問題：是誰送那錶鏈墜子的，是誰戴著假面的，是誰那樣深深地愛著他，一切，所有的一切，他全都知道。

她的雙眼，噙滿了痛苦而又幸福的淚水。

演出第二天，女主演科米薩爾熱夫斯卡婭寫信告訴契訶夫：

我剛從劇場回到家裡，我們勝利了。這次成功是全面的、大家一致公認的。現在，我真想在劇場裡看到你，更希望讓你聽到

全體觀眾叫喊作者的歡呼聲！

波達邊科也發來電報說：

> 巨大的成功。每演完一幕，都聽到掌聲。第四幕結束後，又有更
> 多的鼓掌聲和歡呼聲。演員們讓我向你轉達他們的喜悅心情。

最使契訶夫感動的是，著名的法學家和精明的心理學家科尼
發來了賀信：

> 從題材和主題思想的新意以及對日常生活細心觀察的角度來看，
> 《海鷗》是一出非同凡響的好戲。舞台上出現的悲歡離合、富有
> 說服力的行動和無聲的痛苦等場面，正是生活本身的真實寫照。
> 每個人都離不開這種日常生活，但是幾乎沒有人能夠理解生活內
> 在的嚴酷諷刺。

兩年以後，斯坦尼斯拉夫斯基重新導演了該劇，並在新落成
的莫斯科藝術劇院上演，《海鷗》終於獲得了巨大的成功。

高爾基給契訶夫寫信說：

> 我從未看過如同《海鷗》這般絕妙的、充滿異教徒智慧的作品。
> 難道你不打算再為大家寫作了嗎？你一定要寫，你一定要寫！

1898 年 4 月，著名導演丹欽科寫信給契訶夫，請求給予《海
鷗》的上演權，但契訶夫沒有答應，「不想，也無力蒙受更大的
戲劇激動，它曾加於我很多的痛苦」。

5 月 20 日，丹欽科再次寫信請求，契訶夫才同意上演。但是
他卻沒有參加公演儀式。

1898 年 12 月 17 日莫斯科藝術劇院首演《海鷗》。演出後，

《海鷗》引起轟動

著名導演斯坦尼斯拉夫斯基說：「所有的演員都捏著一把汗，幕在死一般的寂靜中落了下來，有人哭了起來，突然觀眾發出了歡呼聲和掌聲，吼聲震動著帷幔！人們瘋狂了，連我在內，人們跳起了怪誕的舞蹈。」

自第一幕起，《海鷗》就抓住了每一位觀眾，隨後就是一連串的勝利、無休止的謝幕。

丹欽科在演出結束時向觀眾宣布劇作家不在場，觀眾要求給他拍賀電：「我們快樂得發狂，全體觀眾熱烈地擁抱你！」

契訶夫當時不敢相信這是真的，但是當天下午，他就收到了丹欽科拍來的電報：

> 所有報紙都異口同聲稱讚《海鷗》是個輝煌而驚人的成功。評論文章都很熱情。
> 《海鷗》的成功，超過我們以前演的《沙皇費道爾》。我比上演我自己寫的劇本還要快樂得多。

從那以後，莫斯科藝術劇院的標誌，就是幕帷上一隻飛翔的海鷗！

新劇再獲成功

　　契訶夫知道，劇本要不斷地上演，才是成功的劇本。

　　1896 年，在《海鷗》第二次演出獲得極大成功之後，契訶夫雖然剛剛吐過血，被診斷為大面積肺結核，但他精神卻一下振奮起來，忘了自己「永世不再寫劇本」的誓言，又拿起筆寫了一部多幕喜劇《凡尼亞舅舅》。

　　當《海鷗》初次在聖彼得堡上演失敗時，契訶夫一度心灰意冷。他認為自己不算是一個成功的劇作家，他寧可把題材寫成小說，也不願把它浪費在劇本上。

　　但是，1897 年他把《海鷗》、《凡尼亞舅舅》以及其它輕鬆的喜劇一同出版成書後，卻出乎意料的，有好幾個省城的劇院都開始排演《凡尼亞舅舅》，並獲得相當的成功與讚賞。

　　該劇寫的是：鄉紳凡尼亞 25 年中放棄個人幸福，與外甥女索尼亞辛勤經營莊園，供養妹夫謝列布利雅可夫教授。但他終於發現妹夫只是個華而不實的庸才，他於激怒中槍擊妹夫，幸未擊中。最後在友人勸解下不得不與妹夫言歸於好。

　　在全劇的構築中，主要的一對矛盾為：有意義的生活或無意義的生活。前者的代表是追求生活中美和詩意的凡尼亞、醫生以及索尼亞，後者的代表是安於庸常生活的教授和他的夫人還有教授的岳母、瑪莉娜等。

新劇再獲成功

　　整個劇情的走向是一個從「有意義的生活」向「庸常的無意義的生活」的運動過程。那種庸常的生活最後統治了一切，凡尼亞和索尼亞還有醫生被迫去忍受。

　　劇開場的時候，凡尼亞已經從「偶像夢」中「驚醒」，對教授冷嘲熱諷，而索尼亞尚沉浸在對愛情的幻想和渴望中。接著是她的愛情夢的破滅，這是雙重的夢想破滅。詩意和美失落了，留下的是真實的人生，是人不願面對，但又無法不面對的那個沒有希望、沒有期待的現實，辛苦勞作，然後死去。

　　劇中，凡尼亞和醫生，兩個面對平庸生存威脅的人，如同抓住一根救命稻草一樣忽然發現了葉蓮娜的美。他們試圖透過不顧一切地追求，使生命獲得意義，重新找回逝去的青春，結果證明不過是一場徒勞的掙扎。教授無力承載凡尼亞的崇拜，久已安於日常生活的慵懶無聊的葉蓮娜又如何能承載他們的寄託？生活改變了一切。

　　直至最後，凡尼亞和索尼亞也面臨著這種改變。對於久已適應他的教授和葉蓮娜來說，它是喜劇；而對於充滿渴望的心靈來說，它是悲劇。它意味著苦難和忍受。

　　該劇最大的悲劇性不在於凡尼亞發現自己「受了騙」，不在於 25 年生命的無意義，而在於承受，在於面對毫無希望的苦難命運，再去承受它。正是在這一點上，它展現著人類心靈的力量，它象徵著人類的命運。在清醒之後，在認清自己的命運以後，再去承擔這個命運，像以前一樣活下去，這需要多大的勇氣！要多麼堅強的心靈才能夠承受！

凡尼亞身上的悲劇性在於，他無法使自己安於平庸，使自己麻木、沉淪；他無法平息自己心靈的渴求；他無法變成教授或者是葉蓮娜，對生活的庸常熟視無睹。

日常化是一種力量。它形成生活的習慣，潛移默化地改變著人們，使人們置身瑣碎無聊的生存中而不自覺，使人們安於流俗，喪失對生活意義和價值的追求。它使生命失去活力，失去想像，滿足於平庸和淺薄，只從中尋求刺激。對日常化生存的無意義以及巨大影響力的揭示，是這部劇真正的深刻性所在，它才是更本質意義上的心靈的敵人。

這樣一種生存使人喪失了激情，喪失了感覺，麻木、厭倦。正是在這樣一種背景上，凡尼亞的掙扎作為一種不甘平庸的對日常化生存的對抗，才具有了更深廣的悲劇意義。

凡尼亞真正喚起人們共鳴的，不是因為他是小人物，不是因為他是「被損害者」，而是他的心靈，渴望著意義、價值和美的心靈，以及他不甘日常生存的努力或者說是掙扎，還有在這個貌似平凡的小人物身上所蘊藏著的高貴和美。

每一個不甘平庸，在日常生活中苦苦掙扎的人，都能從凡尼亞身上看到自己。人們悲憫凡尼亞和索尼亞，實際上是悲憫自己，悲憫著人類的命運。

善良的索尼亞，在整部劇的最後安慰凡尼亞舅舅的那一句：「我們又能有什麼辦法呢，總得活下去呀！」也許是給人印象最為深刻的一句話了。後一句是她的真心話，也可以算是一種對人生和自己的語言。她承認自己的今生的不快樂，承認受過一輩子

新劇再獲成功

的苦，流過一輩子的淚，一輩子過得都是漫長的辛酸歲月。但是心裡懷著希望，這種希望是寄託在自己「毫無怨言地死去」之後的。她希望「上帝自然會憐憫」帶來的天堂的生活。多麼的悽慘，但是裡面好像又有一種很堅實的東西。

這就是天才的契訶夫在《凡尼亞舅舅》中達到的高度。無怪乎西方將他的創作作為現代戲劇的三大起源之一。

他確實無愧於如此地位。

《凡尼亞舅舅》在莫斯科藝術劇院公演獲得很大成功。上演的第一晚，契訶夫的電話鈴就不停地響起，他接到無數的賀喜。當晚，他一直無法入睡。

患病離開莊園

1895 年 8 月，契訶夫第一次獨自拜訪了托爾斯泰。

托爾斯泰早就想見見契訶夫，早在 1893 年列賓拜訪托爾斯泰時，他們談起文學，就談起了轟動一時的《六號病房》。列賓說他早在 1887 年就與契訶夫相識，現在已經對他喜歡得發狂。

他們都想去看望契訶夫，於是兩人一起行動。但可惜的是，兩位大藝術家卻弄不清契訶夫的地址，他們先後到花園街和小德米特洛夫卡跑了一趟，後來才打聽到契訶夫早已搬到梅利霍沃，兩人只好作罷。

1895 年夏天，托爾斯泰又托契訶夫的朋友謝爾蓋延科去找契訶夫。謝爾蓋延科很高興，立刻寫信告訴契訶夫。

8 月一天的早晨，契訶夫來到這座聞名於整個文明世界的貴族莊園 —— 雅斯納雅·波良納，意思是「明媚的林中草地」。

契訶夫邁進大門，迎面便是一片茂密的白樺樹和灌木叢，古老的花園裡有暖房和池塘。房屋掩映在參天樹林中。

他正走著，忽然看到遠處有位老人正在樹叢中整理樹枝。老人蓄著白色的長鬚，身穿白色亞麻布衣裳，繫著一根腰帶，肩上搭著毛巾，腳上穿著一雙樹皮鞋。他知道，那位老人就是托爾斯泰。

契訶夫抑制住內心的激動，快步走到托爾斯泰的面前，報上了自己的名字。

患病離開莊園

托爾斯泰一聽他是契訶夫，馬上放下手中的活，緊緊地擁抱了他。說非常歡迎他的到來。然後，他們還一起到河裡游泳，契訶夫很快就消除了緊張情緒。

契訶夫在雅斯納雅·波良納住了兩天，受到托爾斯泰全家的盛情款待。托爾斯泰的幾個女兒都是契訶夫的熱烈崇拜者，她們對這位貴賓的光臨表現出異乎尋常的喜悅和興奮。

1896 年 1 月，契訶夫去聖彼得堡交涉《海鷗》上演的事宜，從彼得堡回來路過莫斯科，又專程去拜訪了托爾斯泰。

當時，托爾斯泰正與一個叫契切林的作家爭論，他毫不客氣地批評了文學上的頹廢派。契訶夫在托爾斯泰身邊靜靜地聽著，一直沒有說話。

1896 年冬天，契訶夫開始為諾沃肖爾基村附近的一個小村莊籌建一座新的校舍。像以前建造塔萊熱學校一樣，他募集資金，自己捐款並親自承擔建築設計。在他的辦公桌上，手稿旁邊就放著施工圖紙。

此外，他還參加了由政府決定的全國人口普查工作。1897 年 1 月 10 日至 2 月 3 日，他出入於全縣農民的木板房，有時頭還撞在矮房屋的門檻上。在他辦公桌的抽屜裡堆滿了數百份數據卡片。這項工作完成後，他得到了一個獎章。

2 月 19 日，契訶夫應邀出席了為慶祝農奴解放紀念日在洲際飯店舉行的盛大晚宴。

整整 16 天，契訶夫除了參加招待會外，還應邀出席了許多晚餐會和其他盛宴。此後，他回到了梅利霍沃，繼續寫作《農

民》。但這時，他感到極度疲倦，又開始咯血了。

1897 年 3 月，契訶夫的健康出現了危機，使他完全改變了未來的計畫。因為他一直不把自己當做病人，這時又乘上火車到莫斯科來看望蘇沃林。

有一天晚上，契訶夫剛剛與蘇沃林在一家莫斯科飯店吃完飯，就突然體力不支昏倒，於是馬上就被抬到蘇沃林的房間，那晚，他整整咳嗽了一夜。

凌晨時分，契訶夫吐了一灘血。他立刻被送往治療肺病的專家奧斯特羅烏莫夫醫生的診所，住了兩個星期，接受徹底的治療，結果他被確診是患了肺病。

疲病交迫，契訶夫躺在床上，不能移動，也不能言語。

瑪麗雅和伊凡匆忙趕來，他告訴他們：「絕對不可把我的病情告訴父母。」

其他朋友也送來鮮花和書本，但都不准逗留太久。

阿維諾娃得知契訶夫患病的消息後非常焦急，她向醫生再三懇求，才被准許探病 3 分鐘。

契訶夫抓緊時間，託她到《俄羅斯思想》編輯部去取小說《農民》的校樣。

阿維諾娃在回家的路上，一邊走一邊不住地擦眼淚。她心情沉重地走到外莫斯科河的橋上，看著河水捲著冰塊向前流去，心裡默默祈禱：「不，像契訶夫這樣的好人是不會死的。」

她匆匆下了橋，忽然迎面遇到了托爾斯泰。阿維諾娃把契訶夫的病情告訴了他，並懇求說：「您務必去探望一下安托沙，他

患病離開莊園

會高興的，我知道他一直很喜歡您。」

3月28日傍晚，托爾斯泰竟然到醫院來看望契訶夫了，醫生護士們尊敬地望著這位大文豪，特地允許他延長探視的時間。

契訶夫沒料到托爾斯泰會來看他，為自己這副可憐的模樣感到很難為情。他剛要起身，托爾斯泰連忙把他輕輕地按下。

托爾斯泰仔細地端詳著契訶夫蒼白消瘦的臉龐，心裡難過：「這哪裡還是3年前到雅斯納雅·波良納那個充滿青春活力的小夥子啊！」一時間，老人竟然不知說什麼好。

契訶夫理解他的心情，先開口說：「所有的人都是白天來看我，只有您是傍晚來，而對病人來說這個時刻是最痛苦的。」

托爾斯泰微笑著說：「這才好嘛！或許我們說著說著就把這個痛苦的時刻打發掉了。有一次我生病了，心情壞到了極點，突然斯塔索夫來了，啊，這個熱情的傢伙把我逗得也和他開起玩笑來。」

契訶夫聽到這裡也笑了：「是啊，斯塔索夫具有罕見的天分，可以用自己的樂觀情緒感染周圍所有的人。」

托爾斯泰的探望使契訶夫既高興又激動。

第二天，謝格洛夫也到醫院來了。契訶夫一見老朋友，便高興地伸出一隻枯瘦的手，臉上露出了久違的笑容。

謝格洛夫在床邊的椅子上坐下來，關切地問：「安托沙，感覺怎麼樣啊？」

契訶夫的臉色馬上變得陰鬱起來：「很不好！按規定將把我送進殘廢室去，但醫生還寬慰我，說我還能拖很久，只要我遵守殘廢人規則。總之，前途不妙！」

謝格洛夫發現了床旁邊的桌子上放著一沓稿子。

契訶夫嘆了口氣說：「這是一個初學寫作的青年塞給我的，要求我仔細看看。他以為當一個作家是一件幸福的事呢！」

謝格洛夫埋怨這個不懂事的年輕人。

接著，契訶夫說起了昨天與托爾斯泰見面的事。謝格洛夫激動地說：「托爾斯泰來看你了！你們說了些什麼？」

「他告訴我他已經不寫《復活》了。我們談到了死與不朽的問題。我把諾西洛夫的小說講給他聽，他似乎很滿意。但我們沒談很多，因為醫生禁止我多說話。而且，雖然我十分敬重他，但已經很難再說到一起去了。」

契訶夫仍然惦記著正在修建的諾沃肖爾基村的學校，他寫信給當地的一個小學教師，請他到醫院來談談建校工作的進展情況。

4 月 10 日，住院兩週之後，契訶夫沒等病情好轉，就申請醫生允許出院，然後由伊凡陪同回梅利霍沃了。

回到家裡，契訶夫又高興地見到了父母和親人，又看到了春光明媚的鄉村風光，重新聞到了稿紙和書籍的清香。

瑪麗雅早就關照附近的村民們，不要再找哥哥看病了。契訶夫從此也不再長距離地散步和田園勞動，他每天只給玫瑰樹剪剪枝，用亞麻籽餵小鳥。

但是，契訶夫並沒有清閒多久，就再次不顧妹妹的勸阻，繼續給塔甘羅格圖書館寄去一包包書籍，關心諾沃肖爾基學校的建設工作，為塔萊熱學校的中學生籌備考試，接待路過的客人，與

患病離開莊園

朋友、作家和求教的人們通信。

在這期間，契訶夫的最後一部小說《農民》正式發表。

這部小說真實地描寫了俄國農民的生活，新聞檢查當局雖然對其中一些情節做了大量刪節，但讀者們讀後仍然對小說中的大膽描寫而感到吃驚。

讀《農民》這篇小說，總體上感到很壓抑，俄國農村的貧困和落後透過作者的筆真實地展現在讀者的面前。

小說寫到人們對貧困的生活無可奈何之時，經歷過農奴時代的老人，常回憶做農奴的好處來了。在小說裡，契訶夫寫到了農村當時的矛盾，但他也沒指出出路。對於這些農民，讀後倒生出了哀其不幸，怒其不爭的想法來。

《農民》的發表，構成了文學界的一大事件，引起了報界的激烈爭論。

《北方通訊》這樣寫道：《農民》一書所獲得的成功，使我們又回憶起屠格涅夫或杜斯妥也夫斯基的新小說問世時的那種情景。

萊金給契訶夫寫了一封熱情洋溢的信：我拜讀了《農民》，多麼令人高興呀！我在一個夜晚一口氣讀完了這部小說，它使我久久難以入睡。

契訶夫越來越無法忍受梅利霍沃的環境了，家裡的嘈雜聲使他無法工作，他經常要等到客人們都入睡以後才能安靜地寫作。有幾次他離開梅利霍沃到莫斯科或鄰近的城鎮，但旅行使他十分勞累。

進入 8 月分，契訶夫的耐心不能再經受考驗了，他決定考慮遵循醫生的意見，在寒冷的冬天到來之前離開這裡，到氣候溫暖的地方去療養。

　　這時，恰巧他的朋友、《俄羅斯新聞》的發行人索博列夫斯基來信說，他正在法國比亞利茨渡假。

　　契訶夫決定放下其他一切事情，立刻去與這位朋友相聚。他算了一算：這時，《海鷗》已經在全國各地上演，劇本的版稅加上小說《農民》的一大筆預支稿費，足夠他在法國生活幾個月的。

　　為了使這次橫貫歐洲的長途旅行更順暢一些，他寫信給索博列夫斯基說：「請你寄給我一張旅行路線圖，我從未到過比亞利茨，這麼遠的路使我心裡實在沒有底。你知道，我不會說外國話，要是列車員聽到我講的德文或法文，肯定會不知所云並當面嘲笑。而在巴黎換火車，對我而言就像捉迷藏一樣。」

　　1897 年 8 月 31 日，契訶夫在收到索博列夫斯基寄來的路線圖之後，馬上就離開了梅利霍沃。他感覺，逃離這個住了很久的地方，就等於逃離了病痛。

為養病移居雅爾達

契訶夫一路西行，旅途都很愉快，只是從柏林至科隆時，德國人抽的雪茄差點把他給嗆暈了，而從科隆到巴黎，他一直都在睡夢之中。

在巴黎，契訶夫見到了蘇沃林夫婦，他們作為契訶夫的嚮導，陪著他在巴黎玩了幾天。

契訶夫不顧旅途勞頓，興致勃勃地參觀了「紅磨坊」、咖啡館、羅浮宮等，觀看了由鈴鼓伴奏的肚皮舞，並在商店中買了毛衣、拐杖、領帶和襯衫等。

然後，契訶夫從巴黎轉車，前往比亞利茨與索博列夫斯基會合。抵達比亞利茨後，契訶夫在維多利亞旅館安頓下來後，立刻就去當地旅遊參觀，一直無憂無慮地過了一段時間。

歡樂過後，契訶夫的心裡又開始不安。他記在筆記本上的小說安排一個也沒完成，寫作速度特別慢。

他在給出版商巴季烏什科夫的信中這樣說：

> 今天在這裡，住在旅館，坐在一張外國人的桌前，晴朗的天氣使人很想到外面散步，要想在這種時候寫文章，那就更困難了。那就等於用別人的縫紉機做衣服。另外，那些飯菜太過油膩，吃了之後讓人總是提不起精神來。

契訶夫是一個固執的人，他強迫自己動筆接連寫了 3 個短篇小說：〈彼什奈格人〉、〈在故鄉〉、〈手推車〉。他自己被弄得精

疲力竭，好歹完成後寄給了《俄羅斯新聞》編輯部。

這時，他又開始咯血了，不過比在莫斯科時要輕一些。

契訶夫感到，把他吸引到這裡來的新環境並沒有激發他的想像力。他無法立即在作品中利用在此地獲得的最清晰的感受，只有當他遠離這裡時，他才能動筆去描繪這些人物和風光。

契訶夫又來到了尼斯，他沒有心思去欣賞那美麗的風光，但卻對當地居民產生了濃厚的興趣。這裡的法國人總是溫文爾雅，富有教養，主持正義，熱情好客。他認為，法國「走在世界各國的前列，並且塑造了歐洲文化」。

總體來說，契訶夫對在尼斯這段期間是相當滿意的，他的病情沒有惡化，有一次他很高興地看到自己的體重還增加了。雖然還咳嗽，但是他知道，要想突然恢復健康是不可能的，他必須暫時忍受這種半殘廢的生涯。

另外，他的法語也有很大的進步。他想起在德國時，他在學校讀書時所學的一點德文，使他敢到維也納去遊玩，雖然常常引得路人發笑。因此他在尼斯時請了一位29歲的法國小姐教法文，並讀了不少法國文學作品，他最喜歡的作家是伏爾泰。

契訶夫曾突發奇想，想把莫泊桑的小說翻譯成俄文。因為他同樣是一個短篇小說的絕頂高手。

1898年1月，契訶夫還在尼斯參加了杜雷法案的辯論。當時，全歐洲都在談論這位法籍猶太軍官杜雷法被判叛國罪是不公平的。他被監禁在魔鬼島時，法國政府廣受批評。杜雷法顯然受到了冤枉。

為養病移居雅爾達

後來，左拉也參與了進來，他認為杜雷法是無辜的，還寫了一封公開信〈我要控告〉，把這件事渲染得更公開了。

各地的人都表明了意見，有的贊同，有的反對，形成尖銳的對抗。

契訶夫認為，兩方的觀點都顯得太膚淺，情緒的表現超過了理智。他仔細地研究了一番，也認為杜雷法是無辜的，於是他站在了擁護杜雷法的陣營中。

契訶夫對於左拉的仗義執言深感欣慰，他說，每個作家都必須如此才對。他也曾對庫頁島上的犯人發言。

2月，左拉一案開庭審理，契訶夫懷著極大的熱情閱讀報刊上發表的所有與之相關的報導。最後，左拉被判處一年徒刑並撤銷其榮譽勛位。

但是，契訶夫卻因此更加敬佩左拉，他在給亞歷山德拉·霍季亞恩采娃的信中說：

> 你問我是否仍然認為左拉是正確的，我卻要反問你：難道我在你
> 們心目中的形象真是那麼惡劣，以至於你們竟然懷疑我是否站在
> 左拉一邊？所有那些在法庭上審判左拉的人，那些出身高貴的將
> 軍和證人，在我看來，連左拉的一個手指頭都不如。

總之，左拉在契訶夫的心目中是自由人完美無缺的榜樣。契訶夫不同於那些參與政治的知識分子，他認為作家有權不參加任何政黨，可以根據自己的良知去反對右派或左派。

4月，春天快到了，契訶夫重返故鄉的念頭更強烈了，但瑪麗雅來信說，梅利霍沃的天氣還很冷，建議他暫時不要回去。於

是契訶夫決定前往巴黎等待天氣轉暖。

4月28日，契訶夫在巴黎終於等來了妹妹的來信：梅利霍沃天氣轉好，道路已經暢通無阻。5月25日，他獨自一人登上了開往聖彼得堡的北方快車。3天後，他回到了梅利霍沃。

契訶夫認為自己的身體已經康復，他不顧醫生的勸告，又像往常一樣工作起來。

他計劃在自己的梅利霍沃村建一所學校，但是，由於孩子們都急等著上學，他只好臨時租下了一間簡陋的房子並翻新了一下，然後買來新課桌，聘請了一位老師。

整個夏天，雖然有許多朋友前來探望他，但契訶夫仍然在勤奮地工作，他利用筆記本上累積的素材，接連寫了4個短篇小說：〈約內奇〉、〈套中人〉、〈醋栗〉、〈論愛情〉。

但是，這種創作熱情沒有持續許久，就慢慢地消退了。7月底，契訶夫就寫信向阿維洛娃抱怨說：

> 來訪的客人太多，我簡直無法寫信給妳。我多麼想寫一封很長的回信給妳，可是一想到隨時都可能有人來打擾，我就沒心思寫了。果然，就在我寫「打擾」這個詞的時候，一個女孩進來告訴我，有位病人找我看病，必須去看看。
>
> 我失去了寫作的興趣，真不知如何是好。現在，當我提筆寫作或思考該寫些什麼的時候，我就產生一種厭惡的感覺，就像剛喝了一口發現有蟑螂的白菜湯一般。請原諒我使用了這樣的比喻。叫我惱火的不僅僅是寫作，而且還有無法擺脫的文學「圈子」，你無論走到哪裡，它都跟著你，就像大氣總是包圍著地球一樣。

秋天來臨時，契訶夫又開始咯血了，這一次，他不得不遵從

為養病移居雅爾達

醫生的囑咐，到氣候溫暖的地方度過俄國漫長的冬天。

1898 年 9 月 18 日，契訶夫抵達了雅爾達，在一座開滿鮮花的私人別墅裡租了兩間房子。

但在 10 月 13 日，契訶夫接到了父親去世的消息，他是因為抬一個重木箱受傷，送到莫斯科醫治，手術失敗後去世的。

契訶夫極度悲痛之餘，想起在梅利霍沃的母親和妹妹：「她們該多麼孤寂呀，而自己身患不治之症，需要長期在南方。這兩頭操心也不是長久之計呀！」

於是，契訶夫寫信給母親和妹妹：「你們在莫斯科經歷了最痛苦的時刻，而我卻悠然自得地待在雅爾達，這種想法一直縈繞在我心頭，時刻折磨著我。」

契訶夫認為，儘管母親十分眷戀梅利霍沃的鄉村莊園，但是不該整個冬天都待在那裡，她身邊只有瑪麗雅一個人，而自己又不得不待在南方。於是他下決心，讓她們把梅利霍沃莊園的全部家產賣掉，來雅爾達重建一個新家。

其實契訶夫本身並不願意遷居雅爾達，因為他還是留戀莫斯科的，更留戀富有詩意的梅利霍沃。他厭惡雅爾達的資產階級氣息，早在 1889 年他曾經在那裡休養過，他說：

雖然克里米亞半島上的雅爾達風景很美，冬天氣候溫暖，但雅爾達是個混血種的城市，有一種歐洲的洋氣，又有一股市儈的俗氣，彷彿是個鬧市場。一幢幢方盒形的旅館，裡面住著許多一天天憔悴的不幸的肺病患者。

那些游手好閒的闊佬貪求廉價豔遇的醜態，脂粉味代替了松柏和海洋的氣息。還有骯髒難看的碼頭，遠處海面的淒涼燈火，以及

那些小姐們和情人絮叨沒完的空話，他們跑來欣賞大自然，其實什麼也不懂。總而言之，這一切都給人一種萎靡不振的印象。

在母親和妹妹到來之前，契訶夫在離雅爾達約 20 分鐘路程，面對大海的庫楚克依村買了一塊地，修建了一座「小白樓」。

契訶夫似乎想把故鄉的環境盡可能地移植到這裡來，他終於有了新構想，把新房子改成一棟漂亮的別墅，有小塔、平台、玻璃走廊，一切都獨具匠心，使得到雅爾達觀光的遊客都大為羨慕。

1899 年 8 月，他們正式搬進了新居。而母親和妹妹捨不得那可愛的梅利霍沃莊園，留作每年度夏的別墅。

這可以算是雅爾達最別緻的建築了，門前是一片空曠的草坪，樓角有不大的花園與果園。通體爽朗、純潔、輕巧、勻稱，並不是按照什麼一定的建築格式建造的。契訶夫自豪地說：「如果英國海軍艦隊要攻擊雅爾達，一定會首先占領這棟別墅。」

契訶夫從一開始就特別注重花園。他很高興克里米亞半島冬天竟然是玫瑰盛開的季節，於是馬上訂購了 100 株。各種樹木也種得很別緻，有棕櫚樹、無花果樹、油加利樹、柏樹，還有含羞草與山茶花等。

他最滿意的還是樓內的書房。面積並不大，但一走進門，就看到對面安著黃色玻璃的大窗戶。門左面靠窗擺著一個寫字臺，後面是一個小套間，房頂開了一個小天窗，陽光從那裡灑進來。門的右邊安著一個棕色的荷蘭磚的壁爐。爐頂上立著列維坦畫的一幅風景畫。

為養病移居雅爾達

　　別墅坐落在公路下的一個斜坡上，從窗子向外望去，可以看到一個馬蹄鐵形的窪地，一直伸展到海邊，海本身給四周的房屋圍起來，左邊、右邊、後邊三面環山，圍成一個半圓。

　　每到夜晚時，雅爾達四周的山地上燈火亮起來了，它們與天上的星星混成一片，分不清哪是燈光，哪是星光。

　　當契訶夫在雅爾達收到斯坦尼斯拉夫斯基發來《海鷗》演出大獲成功的電報時，他內心充滿了喜悅，回電說：「請轉告大家：衷心地感謝諸位。我像杜雷法被流放到魔鬼島一樣被迫待在雅爾達。不能和你們在一起，深感遺憾。你們的電報使我精神振奮，感到幸福。」

與高爾基真誠相見

1898 年 5 月，比契訶夫小 9 歲的高爾基出版了他的《隨筆與短篇小說集》第一、第二卷。

當時，出版界以蘇沃林為代表的守舊派一直把青年高爾基視為「叛徒」而加以攻擊和誹謗，當然也就排斥他的作品。後來，多虧富有革命思想的社會活動家陀羅瓦托夫斯基和恰魯希尼科夫認識到了高爾基作品的重大意義，承擔了出版任務。

但是，高爾基小說不僅引起評論界廣泛強烈的反響，也引起了沙皇俄國憲警的加倍注意，因為小說中大膽暴露了沙皇政府的罪惡，歌頌革命英雄的功績。

後來，在特務審查報告中說：此人屬極端可疑分子，讀書甚多，文筆頗豐，幾乎走遍全俄。

5 月 11 日，高爾基被逮捕。這在聖彼得堡的文化界引起了軒然大波，最後憲警迫於壓力，又找不到現行的罪證，只好對高爾基實行「特別監視」而釋放。

高爾基回到故鄉尼日尼 —— 諾夫戈羅德之後，計劃利用漫長的冬天從事一項巨大的創作工作，因此，他希望能得到一些前輩的指教。11 月分，他把兩卷小說集附一封信寄給了契訶夫。

高爾基在信中說：「說實在的，我想向您表露我從少年時代就對您默默懷著的真摯熱烈的愛戴。我想向您表示，在您那驚人的天才面前，您那憂鬱與攝人魂魄、悲戚而溫柔、永遠那麼優美

與高爾基真誠相見

細膩的才華面前我所感受的欣喜。不管怎樣,我要握您的手,一位藝術家的手,想必是一個真摯、憂鬱的人的手,是吧?」

「為了俄國文學的光榮,願上帝給您長壽,給您健康、耐心和蓬勃的精神!讀您的作品,使我經歷了多少美妙的時刻。許多次我邊讀邊哭泣,而且憤怒得像掉進陷阱裡的狼一樣。」

「讓我再一次握您的手,您的才華是一種純淨明朗的精神,只是它被人間的枷鎖 —— 日常生活的卑微枷鎖束縛住了,因此它是憂鬱的。大聲哭泣吧,在號啕聲中,可以清楚聽見悲天憫人的呼喚。」

高爾基在信中對契訶夫充滿了羨慕與讚美之辭,當然更多的是談論文學大事。

契訶夫當時十分忙碌:父親病逝,在雅爾達買地蓋房,但也很重視高爾基的文學才能,當他坐下來讀了高爾基寄來的兩卷文集中的一些文章後,很是喜歡,他回信給高爾基,並對高爾基的作品做了指導與批評:

> 你是一位真正偉大的創作天才,你描寫某一事物時,就好像看著
> 它,用手撫摸它。這是真正的藝術,你會成為一個偉大的作家,
> 只要你不厭倦、不灰心和不貪婪。

契訶夫的回信,使高爾基深受鼓舞。1899 年,高爾基因為肺結核加重,得到憲警機關批准,要到雅爾達附近的加斯普拉療養。在動身之前,他又給契訶夫寫了第二封信:

> 您的戲劇是新型的戲劇藝術,現實主義在這裡昇華為精神高尚和
> 思想深刻的象徵。別的戲劇不能把人從現實概括到哲學的高度,

而您卻能夠做到。在俄國還沒有一個可以比得上您的短篇小說家，今天您在俄國是一位最有價值的巨人，莫泊桑很好，我很愛他，但我更愛您。我簡直不知如何表示我對您的崇拜，我找不到適當的話，請您相信，我是真誠的。您是偉大的天才。

當契訶夫知道高爾基患著肺病，正在雅爾達附近的加斯普拉療養時，就向他發出了真誠的邀請：

親愛的馬克西姆·高爾基：
請您快來雅爾達庫楚克依村吧，去年年底我買了一所兩層的白石頭小樓房，挺別緻呢，他們都直呼「小白樓」，也有的稱它為「白色別墅」。
我老早就想見您了，趁您被「特別監視」的地點離這裡不太遠，又是春暖花開的時候，來吧！我誠心誠意地歡迎您。

1899 年 3 月 28 日上午 9 時，高爾基滿懷喜悅地來到了「小白樓」。

剛一走進柵欄門，高爾基就發現一位身著白色襯衣的人獨自蹲在樓角花園裡忙碌著。

契訶夫一眼看見高爾基，高興地打著招呼：「嘿，你來了，高爾基！」

契訶夫一面帶著高爾基觀看自己的「產業」── 這塊土地和一棟兩層的白色小樓，一面興致勃勃地說：「如果有一天我能擁有許多錢，我就在這裡為老弱殘疾的鄉村教師建一所療養院。你知道，我會建一座非常寬敞非常明亮的大樓，窗子大大的，房間高高的；還要有一個好的圖書館，各式各樣的樂器，還要有養蜂

場、菜園和果園。要舉行報告會，為教師講農學，講神話，教師應該知道一切，一切，親愛的。」

契訶夫說到這裡突然咳嗽起來，他用眼角看著高爾基，露出溫柔迷人的微笑：「不行，我們休息一下吧，沒想到，我們兩個竟成了一對癆病鬼。」

高爾基感覺到，那微笑具有不可抗拒的力量，吸引人去傾聽他的講話。

「你的〈海燕之歌〉看了令人鼓舞，是英雄的讚歌，戰鬥的誓言；而我的《海鷗》卻是死亡的悲劇與輓歌。慚愧！」

高爾基激動地說：「您不能這樣說，我說過《海鷗》的內容是龐大的、象徵性的，形式是獨特的，優美絕倫的！」

契訶夫喘息了一下，接著說：「聽我的幻想是不是讓你覺得無聊？我真的愛講這件事。你知道每個俄國鄉村是多麼需要一位優秀的、明智的、受過良好教育的老師啊！我國應該給教師創造特殊的好條件，而且要盡快做到。我們應該意識到，沒有大批受過教育的人，俄國就會崩潰，像劣質磚建的房子那樣倒塌。

「作為教師首先必須是一個藝術家，並深愛他的職業，而我們的教師只是匠人，沒受過多少教育，去農村教書倒像是去流放。教師工作累、吃不飽，還要擔心丟掉飯碗。可是教師應該是村子裡的頭號人物，農民應該承認他的權威，尊敬他，誰也不敢對他吆三喝四，羞辱他。

「可是我們這裡誰都敢欺負教師：警察、老闆、牧師、學校督察員等，都敢高聲斥責教師，當面侮辱。這些人並不關心教

育，只知道照抄和轉發上級下發的公文。教師們的收入是如此的微薄，如此的荒唐。他們個個都衣衫襤褸，在潮溼透風的教室裡凍得渾身發抖還要講課。多數教師在 30 歲左右就已經患上了痛風、關節炎或是肺病，這簡直就是不能容忍的，我們應該為此感到羞恥。

「我們的教師，一年中有八九個月，活得就像一個隱士，沒有一個可靠的人可以說說話，聊聊天；他們也沒有同伴、沒有書籍、更沒有任何娛樂，人也因此變得呆頭呆腦了；如果他邀請同事去家裡做客，就會在政治上受到懷疑，很顯然，這個愚蠢的說法是狡猾之徒用來嚇唬老實人的。

「這一切都是那麼令人厭惡，這簡直就是對從事教育事業這一偉大工作的人的極端諷刺。你知道嗎，每逢我見到一位教師，我就感到特別的難為情，因為他衣著破舊得實在讓人不忍目睹，就好像教師的悲慘境遇該由我來負責似的。我說的這些全是真心話。」

他又一次沉默了，陷入深深的思索中。過了一下，他揮了揮手，溫和地說：「我們的俄羅斯是個怪事太多、運轉不靈的國家。」

一絲淡淡的愁雲掠過契訶夫那雙漂亮的眼睛，眼角的魚尾紋使眼睛更加顯出沉思的氣韻。他環顧了一下，開玩笑說：「你看，我是拿激進派報紙上的大塊文章對你放炮了。得了，為了獎勵你的耐心，我給你泡杯茶。」他不失幽默地說道。

兩個人都開始沉默了，他們慢慢往回走。

與高爾基真誠相見

那是個炎熱而晴朗的日子，水波在明亮的陽光下閃閃爍爍；一隻狗在旁邊歡快地叫著，它在向主人和客人問好。

契訶夫挽起高爾基的手臂，又咳嗽了一陣，然後慢慢地說：「說來可恥又可悲，但卻是事實：許多人都羨慕狗的生活。」他馬上又笑著加上一句：「今天我盡說洩氣的話，這說明我老了。」

突然，那隻狗死命地叫起來，緊接著，它用 3 條腿著地衝進了園子，趴在了契訶夫的腳下。

契訶夫抬眼問跟著跑進來的傭人說：「怎麼回事？」

「它跑到大街上，讓馬車軋傷了一條腿。」傭人低聲說。

契訶夫連忙伏下身來仔細察看著，狗的一條腿皮肉都綻開了，骨頭也露了出來，血在不停地往外湧，看著讓人揪心。

契訶夫馬上次屋找來一些藥用品。然後用熱水和藥水為狗清洗傷口，包紮傷口。他動作輕柔，目光溫柔，就像眼前需要救治的不是一隻狗，而是一個嬰孩。

高爾基注視著那雙靈活而溫柔的手。契訶夫是那麼小心地為狗整理著碎裂的皮膚，還像呵護小孩子一樣責備那哀叫的狗：「你這個蠢傢伙啊，真是蠢啊，別叫了，誰讓你自己不小心，不久就會好的，小傻瓜。」

高爾基看到這裡，忍不住掏出手帕擦了擦溢出的眼淚，心想：「這是一個多麼善良的靈魂啊！」

幫狗包紮完後，契訶夫讓傭人把狗帶走了。

他回過頭來對高爾基說：「不久前這裡來了一位教師，他生著病，還有家室。我臨時為他安排了一下。」

有時，高爾基真的會發現有那麼一位「教師」在契訶夫的房子裡。通常他會坐在椅子旁邊，因意識到自己的笨拙而臉紅，汗涔涔地斟詞酌句，他總是力圖把話說得流暢並極力顯出自己受過良好的教育。

或者，他本來是個拘謹害羞的人，卻故意做出輕鬆自如的樣子，竭盡全力不在一位作家面前顯出愚蠢，於是就接二連三向契訶夫提出一大堆臨時想到的問題，弄得契訶夫苦不堪言。

細心的高爾基注意到，契訶夫總是全神貫注地傾聽那些枯燥的、不連貫的話。

有時，一絲不易察覺的笑意掠過他那雙充滿哀愁的眼睛，額頭也隨即堆起一點皺紋；然後他就說些簡單、清楚、平常的話，聲音溫和無力；可是不知怎麼的，這些話立刻就使那位提問題的人回歸淳樸，那位教師不再裝作聰明，因而也就立刻變得更聰明更有趣了。

當時有一個教師，瘦高，面部顯菜色，明顯營養不良，長長的鷹鉤鼻子朝下巴彎著，顯得一臉晦氣。他面對契訶夫坐著，黑眼睛死盯著他的臉。

他用憂鬱的低音說：「從教師一班人生活空間得來這樣的印象，有一物質的團塊軋碎了任何以客觀態度對待周圍世界的可能性，這世界也不是別的，就是教師生活的呈現。」

高爾基感到，這個人是一頭紮進了哲學裡，在其表面滑來滑去，活像個醉漢在溜冰。

「請告訴我，」契訶夫平靜而慈祥地插話說，「在你們區裡，

與高爾基真誠相見

打孩子的那個教師是誰？」

那教師從椅子上跳起來，憤怒地揮動雙臂：「你說誰？我？從來沒有！打孩子？」他氣呼呼地哼哼著。

「不要激動。」契訶夫繼續說，並露出讓人放心的微笑，「我不是說你。但我記得是在報上讀到的你那個區裡有個人打孩子。」

聽了契訶夫的話，那個教師又坐了下來，拿出手帕不停地擦他那張出汗的臉，如釋重負地嘆了口氣。

他說：「是的，有這樣一個案子，那人是馬卡羅夫。」

他停頓了一下，繼續說道：「你知道，這不奇怪。做這樣很殘暴的事是有原因的。他成家了，有四個孩子，老婆病著，本人又患癆病，工資僅為 20 盧布，一家人只有一間屋子。在這種情況下，人會無緣無故地鞭打上帝的天使，而孩子們，他們遠不是天使，相信我。」

這個人，剛才說話時滿口顯示聰明的辭藻，完全不顧契訶夫是否吃得消，這時忽然不祥地搧動著鷹鉤鼻子，開始用一些簡單的、有份量的、鮮明的字眼兒說起話來。

高爾基後來說：「這些話像一把火，照亮了俄羅斯農村生活裡那可怕的、該詛咒的真相。」

告別的時候，那位教師把契訶夫枯槁的手握在他那雙乾瘦的手裡，說道：「我來你這裡的時候好像是去找政府當局，怕得發抖，像火雞一樣賣弄，我想表現一下，讓你知道我並非等閒之輩。現在我要告辭了，卻把你看做是一個什麼都懂的親近的好朋

友，什麼都懂，真了不起！謝謝你，我懷著愉快的思想離去：大人物更淳樸，並不是莫測高深，在靈魂上比我們周圍的人更接近我們。再見！我永遠不會忘記你。」

高爾基觀察到，那位教師的鼻子搧動著，唇間露出善良的微笑，忽然他又加上一句：「說真的，壞蛋們也不快樂，讓他們見鬼去吧！」

那人走了出去，契訶夫目送著他，笑著對高爾基說：「是個好人，當教師當不長。」

高爾基不解地問：「為什麼？」

「他們會弄倒他，把他打跑。」他想了一下，平靜地補充說：「在俄國，一個誠實的人就像掃煙囪的，保姆們總拿這種人嚇唬小孩子。」

高爾基在契訶夫家住了一個星期，然後戀戀不捨地回到了加斯普拉別墅。

契訶夫與高爾基的出身、經歷、個性和氣質都不相同，但是對人類的熱愛、對真理的追求、對事業的赤誠，把兩顆偉大的心緊緊地連在了一起。

此後，契訶夫與高爾基書信不斷，他們又見了幾次面。1900年，他們兩個人結伴遊歷了高加索，甚至有一同遊中國的打算。11月的時候，他們在莫斯科參觀了《凡尼亞舅舅》的排演。第二年，契訶夫曾到尼日尼諾夫戈羅德去看過高爾基。

但他們更多的見面還是在雅爾達，並且還相約去拜訪托爾斯泰。

與高爾基真誠相見

契訶夫有一次發現高爾基沒有錶，便說：「一個作家怎麼能沒有錶呢？」並答應送一塊錶給高爾基。高爾基來加尼日尼之後，契訶夫果然寄來一塊錶給他，錶蓋裡面刻著：

安東·契訶夫贈給馬克西姆·高爾基。

高爾基捧著表狂喜得像個孩子，真想跑到大街上向人們大聲喊：「你們知道嗎，契訶夫送我一塊錶！」

當高爾基的名作《福瑪·高爾杰耶夫》出版後，他懷著崇敬的心情，將它獻給契訶夫，並在扉頁上題著：

獻給安·巴·契訶夫 —— 高爾基

隨書還附了一封簡訊：我認為，你是我所認識的第一位不向任何事物低頭的人。

戲劇輝煌

1899 年的深秋，契訶夫在莫斯科觀看了《凡尼亞舅舅》的幾場排練之後，便先行返回了雅爾達。他平靜地等待著該劇演出之後的消息。

奧爾加在劇中飾演葉蓮娜這一角色。契訶夫在觀看排練的時候，從來不會疏漏任何細節。他甚至對劇中不易被人注意的普通角色也要求很嚴，一絲不苟，演員們的表演稍有不當或者過分誇張，他都毫不客氣地直指出來。但是，他唯獨對奧爾加的語氣比較婉轉，還因此被眾人戲稱為「女演員視察員」。

奧爾加是個非常敬業的演員，她為了飾演好這一角色，經常寫信給雅爾達的契訶夫，詢問這一角色的心理特點，契訶夫也總是耐心地為其回信，並詳細地講解。

《凡尼亞舅舅》演出取得了巨大的成功。高爾基看了一遍後，覺得意猶未盡，便又看了第二遍。當他第二次觀看了該劇後，就趕快寫信給契訶夫。

他在信中說：「總想再看《凡尼亞舅舅》，我又訂了票，還要再看一遍。這個劇充滿哲理和象徵意義，劇本所採用的表現形式使它成為獨樹一幟、無可比擬的作品。」

直到這時，契訶夫才完全地確信，這個劇已經開始獲得了前所未有的成功並將經久不衰。

當丹欽科抱怨工作太多，並打算辭去劇團指導委員會的職務時，契訶夫熱情友好地勸阻他說：「啊，你不要感到厭倦，你的

戲劇輝煌

熱情不應冷卻！將來有一天，人們撰寫俄國現代戲劇史的時候，藝術劇院將成為這部史書中最美的篇章。這個劇院應該是你的驕傲，它是我唯一喜歡的劇院。如果我生活在莫斯科，我願成為劇團的一員，哪怕只是當個看門人，以便能夠助你一臂之力。如有可能，我將勸你不要對這個可愛的劇團漠不關心。」

《凡尼亞舅舅》演出以後，大家都勸契訶夫為莫斯科藝術劇院再寫一個劇本。契訶夫本來很願意，但他卻要等到親眼看見自己所有的劇本都演得很好後，才答應再寫新的劇本。

這時，契訶夫的生活也不再那麼拮据了。1899 年初，聖彼得堡大出版商馬克斯購買了他全部作品的出版權。根據合約，他的劇作獲得了 75,000 盧布的優厚稿酬，並且定期收到預付款。契訶夫用瑪麗雅的名字開了戶頭，在一家銀行存了 5,000 盧布。

這時候，莫斯科藝術劇院得知契訶夫的情況，決定去雅爾達舉辦戲劇節，以緩解病中的契訶夫的苦悶和憂鬱心情。斯坦尼斯拉夫斯基拍著手掌招呼正在排戲的演員們說：「契訶夫病得很厲害，不能到我們這裡來，而我們身強體壯，所以我們到他那裡去。如果穆罕默德不到山前來，山就到穆罕默德跟前去！」

整個排練廳一片歡樂：「對，我們去朝拜穆罕默德 —— 契訶夫去！」

1900 年 4 月，莫斯科藝術劇院的導演們決心組團到克里米亞半島去巡迴公演。許多演員都帶著妻子同行；同時，還有一位著名的劇評家加入到這次巡迴演出的評論。

奧爾加在瑪麗雅伴隨下，先期到達雅爾達。她懷著十分喜悅

的心情來到契訶夫身邊，以一位女朋友的身分在契訶夫家住了 3 天。那裡的一切都使她迷醉：樓房、花園、仙鶴、愛犬，那間寫出名著的工作室，特別是那親切、溫柔、舒適、充滿笑語和俏皮話的交談。

遺憾的是，那時的契訶夫正因大量咯血而臥床不起。在病重的情況下，他還要接待許多來訪的朋友，使他們沒有多少時間單獨相處，兩人都感到有點失望。奧爾加失魂落魄地獨自一人去了斯瓦士塔普，與劇團會合。

4 月 9 日，莫斯科藝術劇院劇團的全體成員，帶著 4 個劇目的布景和道具，乘火車來到了斯瓦士塔普，他們的旅途充滿歡聲笑語，大家的興致都特別高。

早在正式公演之前，所有的座位都被預先搶購一空，首先掀起了高潮的序幕。

契訶夫也特意從雅爾達趕到了斯瓦士塔普。他在劇院的角落裡選了一個不易被觀眾發現的位置安靜地坐下來。

由於演員的表演極為精彩，此次演出又獲得了巨大的成功。當《凡尼亞舅舅》演完後，臺下的觀眾大聲呼叫著要見該劇的作者，於是契訶夫在丹欽科夫婦的安排下，出現在舞台上。

在離開斯瓦士塔普時，藝術劇院劇團在港口受到了觀眾的熱烈歡送。

大劇團來雅爾達演出的消息轟動了全城。那天劇團乘坐的輪船剛剛抵達港口，碼頭上就已擠滿了前來歡迎的人群。儘管當時天氣惡劣，人們仍然抑制不住內心激動的心情，歡呼、獻花、擁

抱，演員們好像從前線勝利歸來的戰士一樣，沉浸在歡樂之中。

　　第二天，契訶夫在奧特卡為劇團舉行了招待會，歡迎劇團全體成員。當專程來雅爾達歡迎劇團的作家和藝術家布寧、高爾基、庫普寧、拉什馬尼諾夫出現時，全體演員一片歡呼。

　　奧爾加和瑪麗雅忙著招呼客人，契訶夫精神煥發，笑容滿面，不停地走來走去，對每一位客人都講一兩句令人感到愉快的話，那種快樂心情是他很久以來所沒有的。

　　演出定於 4 月 16 日開始，劇院票房忙得不亦樂乎，票房窗口排起了購票的長蛇陣，四出戲的門票很快又被觀眾買光了。

　　劇團這次安排，其實是專為讓契訶夫看《海鷗》和《凡尼亞舅舅》演出的。演員們雖然胸有成竹，但仍然感受到來自契訶夫和觀眾的雙重考驗。結果，每場演出都獲得了空前的成功。

　　觀眾的情緒逐漸高漲起來，鼓掌聲和歡呼聲經久不息，舞台上，演員們不得不多次謝幕。契訶夫也顯得異常地興奮活躍，這是他生活中少有的歡樂日子。

　　觀眾主要是來渡假的有錢人、教師、地方官員和得了結核病的患者。契訶夫的母親從來沒有看過她兒子的憂傷，這次也堅持要來。

　　後來，他們全都擁到契訶夫的家裡去。一時間，契訶夫的別墅裡門庭若市，熱鬧非凡。

　　這下可把契訶夫的母親和妹妹忙壞了，要知道，一次準備那麼多人的午餐也是件很累人的事。奧爾加也捲起了袖子，動作麻利地幫起忙來，與她們一同準備午餐，就像未來的女主人一樣。

由於客人比較多，家裡顯得異常擁擠。但是人們並不因此而影響興致，歡聲笑語，讓菜敬酒，氣氛顯得更加活躍了。

　　客廳的一角，正進行著關於文學問題的爭論。花園裡，一群人像孩子一樣，比賽看誰把石子擲得最遠。契訶夫在幾個餐桌間來回穿行，忙個不停。

　　席後，大家又唱又跳，一直鬧到午夜時分。

　　4 月 23 日，在戲劇節結束那天，《海鷗》演出結束後，人們為契訶夫舉行了慶祝會。按照習慣，他是不會參加這類活動的，但盛情難卻，他不得不上臺與觀眾見面，那歡騰熱烈的場面使他深深感動，人們給他送上飾有紅色綢帶的棕櫚枝，綢帶上寫著「獻給安・巴・契訶夫，俄國現實社會精闢闡釋者」，還有 200 多人簽名的賀詞。

　　這是契訶夫有生以來第一次目睹自己的劇作受到公眾如此的盛讚，他好像一棟整個冬天都釘著窗板、關門閉戶的房子，春天一到，突然把門窗打開，所有的房間都充滿了陽光，綻開了笑容。

　　契訶夫也向每個演員贈送了一件金質飾物，裡面裝有他向演員們朗讀《海鷗》的微型照片。在贈給丹欽科的金飾物背後，鐫刻著這樣一行字：「感謝你把我的《海鷗》演得栩栩如生。」

　　雅爾達戲劇節的演出使契訶夫跟藝術劇院的交往和友誼更密切了，劇院的作家，作家的劇院，這種關係直到生命的最後一年都沒有任何改變。

　　4 月底，藝術劇院的人馬結束了巡迴之旅返回莫斯科。契訶夫為了酬謝遠道來訪的藝術劇院，開始動筆寫另一個新劇本《三姐妹》。

戲劇輝煌

由於身體衰弱，又有許多人的拜訪，再加上忙於出版全集，契訶夫這個劇本的進展相當緩慢。

1900 年 10 月至 12 月，契訶夫一直都留在莫斯科，以便有更多的時間監督藝術劇院排演他的新劇《三姐妹》。

1900 年底藝術劇院開始排練《三姐妹》。劇本在演員中引起了不同看法，有的認為「這哪是劇本，只不過是個提綱」，「這戲沒法演，沒有角色，光有素描」；有些演員搞不清究竟是悲劇還是喜劇。

契訶夫對劇本的那些評價感到非常惱火、難堪。他想放棄這個劇本，後來在別人的勸說下，他便坐在飯店房間裡，大刀闊斧地進行修改。

這齣戲寫的是一位將軍的 3 個女兒，她們出生在莫斯科，後來隨軍在外省過著庸俗乏味的生活，她們渴望返回莫斯科。她們的口頭禪「回莫斯科，回莫斯科」貫穿全劇。

三姐妹各有不同的性格。二姐由奧爾加扮演，那是一個性格暴躁、敏感，但很熱情的女子，她嫁給了一個愚蠢而又自負的小學教員，她把自己的失意歸咎於整個世界；大姐性格孤僻，鬱鬱寡歡，似乎準備終身不嫁；三妹開朗活潑，天真浪漫，充滿幻想，準備為事業獻身。三姐妹在失望中以夢幻自我安慰。

後來一個砲兵團來這個小鎮駐防，幾位軍官常去她們家玩，他們之間發生了曖昧關係，也給她們三姐妹帶來新的生活的希望。不料砲兵團突然換防。軍官們拋下三姐妹遠去，她們剛剛燃起的生活熱情之火被撲滅了，她們的幻想破滅了。

契訶夫想透過三姐妹的悲慘命運的展現，讓人們對人生進行思考：人活在世上有什麼意義？他認為把人們的本來面目展現在他們自己面前的時候，當他們認識到自己在煩惱中打發日子的時候，他們將依靠自己創造一種不同於今天的美好生活。

　　劇中人物只有對未來美好生活的渴望和追求，而沒有為美好生活的到來作實際抗爭的行動。對人物這種矛盾的心理狀態，契訶夫給予了辛辣的諷刺嘲笑。

　　契訶夫寫《三姐妹》是以他在沃斯克列先斯克的一段生活經歷為背景，並注入了他親身感受的許多東西，在為奧爾加塑造瑪莎這個角色時，也注入了他的許多個人想法。

　　1901 年 2 月初，《三姐妹》在藝術劇院上演後，和契訶夫其他劇本命運一樣，初演時反應不很熱烈，但越往後，越成功。

遲到的婚戀

當契訶夫還年輕的時候，他就已經感覺到歲月的壓力。當弟弟妹妹都結了婚之後，幾位朋友也勸他趕快結婚。契訶夫也並不反對，常常討論到結婚這個主題，但往往得到相反的結論。有時，他還有終身不娶的論調。

1895 年時，當一位記者極力勸契訶夫結束獨身生活時，契訶夫在回信中寫道：

> 好吧，如果你希望這樣，我就結婚。不過我的條件是：一切必須
> 照舊，即她必須住在莫斯科，而我住在鄉下，定時的探訪會面。
> 我不能忍受天天都生活得快快樂樂，我答應做一個出色的丈夫，
> 不過得給我這樣一個太太，她要像月亮一樣，不會整天都出現在
> 我的天空。結婚後，我寫的作品也一定不會好了。

後來，雖然契訶夫也很喜歡、也遇見過聰慧而且漂亮的女人，但他不輕易戀愛，直至他平生第一次深深地愛上了女演員奧爾加。

自從 1898 年秋天在莫斯科藝術劇院見到正在排練的奧爾加，契訶夫就對她留下了深刻愉快的印象。契訶夫寫信說：「如果我再繼續留在莫斯科，我將會戀愛了。」

1899 年春天，契訶夫又來到莫斯科，劇院單獨為他演出了《海鷗》。然後就決定《凡尼亞舅舅》一號女主角由奧爾加擔任。這時兩個人已經相當熟了，而且妹妹瑪麗雅在與奧爾加見過幾次

面之後，成為了無話不談的好朋友。

1899 年 5 月 7 日，契訶夫剛回到梅利霍沃，就向奧爾加發出邀請，讓她去領略一下俄國農村萬紫千紅的春天景色。奧爾加來到了契訶夫身邊度過了美好的 3 天，她被契訶夫本人和他的家人吸引住了。當她告別的時候，他們互道傾慕之情，渴望重逢。

6 月，奧爾加動身前往高加索的姆次加特，去她哥哥家渡假。月底的時候，她寫信給契訶夫，建議他到南方會面。契訶夫欣然接受。他們於 7 月 18 日在新羅西斯克會合，然後一起從那裡乘船去雅爾達。8 月 2 日，兩個人雙雙起程回莫斯科。

一路上，他們飽覽了沿途山區景色。在這馥郁芬芳的氣氛中，輕鬆愉快地交談。這次聚會使他們彼此更加接近了。

1900 年 4 月的雅爾達戲劇節過後，契訶夫越來越鍾情於奧爾加，他們的關係越來越親密。

奧爾加跟藝術劇院回到了莫斯科，契訶夫繼續留在雅爾達。契訶夫的精神有了新的寄託，但兩地相思又使他產生了新的苦惱，於是便不斷地跟奧爾加通起信來了，他對她的鍾情透過書信中慣有的幽默傳達給奧爾加。

這時候契訶夫成了新莊園的工程師和監工頭了，他希望新莊園能盡早完工，以期有更好的生活和寫作環境。

由於契訶夫聞名遐邇，到別墅的來訪者接踵而至，在同一時間，一些高個子女孩，戴著寬邊白草帽，張著嘴，趴在他的宅院和路邊之間的柵欄上，長時間向院裡張望。

各階層的人都來看契訶夫，其中有科學家、文學家、鄉村村長、醫生、軍人、畫家、教授、養老院議員、上流社會人物、神

遲到的婚戀

父、演員等，契訶夫雖然經常抱怨客人太多，但總是熱情接待、招待他們。

儘管自己身患重病，契訶夫仍然關心著社會福利事業，關心著別人的痛苦和憂愁。

「小白樓」在雅爾達吸引了來自俄羅斯四面八方的人，他們中有許多「小人物」，懷著虔誠的、膽怯的心情跨進契訶夫家的門檻。契訶夫具有一種使他們很快恢復到平常的自然心態的力量，於是他們感覺到像到了自己家裡。那時，許多窮教師、窮作家、窮學生都喜歡找他，請他幫忙，找住處、借錢、改稿，他從來沒有推脫過。

這時，契訶夫的苦悶煩惱一方面由於他的健康並未因為戲劇節的歡樂而改善；另一方面他沉湎於對奧爾加的思念。

契訶夫在度過了 40 年的苦難人生之後，才品嘗到了真正的濃厚的愛情滋味，使他已經憔悴了的心靈，又充滿了青春活力，開始了新的生活。

1900 年 5 月 8 日，一個人的契訶夫在雅爾達就待不住了。他瞞過醫生到了莫斯科，這時列維坦重病垂危，契訶夫去看望了他，這是兩位老朋友的最後一次會面，然後才與日夜思念的奧爾加重逢。

契訶夫獲知列維坦去世的消息後，他悲傷萬分，他的病又加重了，不得不隻身一人返回雅爾達。回去以後，他立即給奧爾加寫了一封信：

「親愛的，迷人的演員，妳好啊！妳近兩天好嗎？感覺怎樣？我

返回雅爾達途中，身體一直很不好，我在莫斯科期間，頭痛得很
厲害，而且發燒，我不該瞞著妳，不過現在沒什麼了。」

回雅爾達以後，契訶夫自我感覺不錯，一時心血來潮，便決
定跟高爾基和其他幾位作家朋友去高加索旅遊 15 天。

他們沿格魯吉亞軍事公路，參觀了許多清真寺，到達第比利
斯，並在那裡逗留了幾天。然後到達巴統，經海路繼續航行。

在從第比利斯到巴統的火車上，契訶夫意外地遇到了奧爾
加，他驚喜萬分。她陪伴母親去巴統短期渡假。他們在一起度過
了歡快的 6 個小時，並約定奧爾加於 7 月分到雅爾達相會。

奧爾加果然如期到達了雅爾達。他們兩個人之間交往、通信
將近兩年，但是在一起朝夕為伴、親密相處還是第一次。

這期間奧爾加就住在契訶夫家。由於她跟瑪麗雅已是好友，
所以在那裡生活得十分愜意自如。每日每時的接近，奧爾加那活
潑歡快、充滿青春活力的迷人的魅力，比相隔遙遠的時候更加撩
人，甚至她的任性也使契訶夫感到神魂顛倒。

奧爾加不時含情凝睇、嬌言蜜語撩撥契訶夫，契訶夫則盡量
克制自己的感情，保持著既親熱又冷靜的姿態，只是用一些玩笑
話向奧爾加獻殷勤。她一次次地期待，但一次次地落空，這使她
感到失望、惱恨。

一天晚上，母親和妹妹已經在房間裡酣然入夢了。外面，天
空一輪皓月，把皎潔的柔和的光芒，灑到白色別墅上；灑到工作
間的桌上、地上；灑到他們兩人的身體上。遠處傳來了悠揚的手
風琴聲、歌聲。夜是那麼寧靜，那麼幽美，跟他們的歡樂幸福融

遲到的婚戀

匯成了一個整體。契訶夫終於打開了感情的閘門，他張開雙臂，與奧爾加擁抱在一起。

從此，他們倆每天晚上都偷偷幽會，或在契訶夫的工作室裡，或在他的臥室裡，有時也在他早先買的海岸邊的古里祖夫木屋裡。那裡海風習習，海浪拍岸，別有一番情調。

奧爾加經常穿著契訶夫最喜歡的白色長裙，波浪似的烏髮披在雙肩，輕聲地唱著格林卡的浪漫曲：「不要白白追求我……」他倆親熱過後便靜靜地躺著，情意綿綿地訴說衷腸，盡情享受人間最美好最幸福的時光。

他們小心翼翼地掩飾著，但仍然未能瞞過瑪麗雅和母親的眼睛。瑪麗雅對哥哥能從奧爾加那裡獲得幸福感到很高興。但根據經驗推測，她認為他們的愛情不過是一時的衝動而已。

高爾基聽說契訶夫的戀人來了，便時常來探望。向他們講他的流浪生活，講得十分迷人。契訶夫和奧爾加坐在書房裡靜靜地聽著。

奧爾加的假期在這安靜舒適的環境裡很快就過去了，她得趕回莫斯科藝術劇院。契訶夫和奧爾加在分別以後還久久沉浸在那些幽會的歡樂中。奧爾加數次在信中激動地傾訴與契訶夫相會時的生動印象和感想：

> 我是多麼喜歡坐在你的書房裡，只是為了靜靜地、靜靜地在你身邊休息，然後就跟你搗亂，說些傻話，胡鬧一通。記得嗎，你怎樣領我上樓，那該死的樓梯「吱嘎吱嘎」地響，把我們給暴露了。天啊，我簡直像一個幼稚的女學生，都寫了些什麼呀！

契訶夫則寫道：

妳好！我親愛的奧爾加，我歡樂的源泉！我現在仍在雅爾達，
由於妳不在身邊，我感到空虛悵惘，煩躁不安，我想著妳。妳離
開之後，這裡一切都糟透了。
要是沒有妳，我非懸樑自盡不可。我望眼欲穿，我常常有一種錯
覺，好像房門就要打開，妳就會閃身進來，可是妳來不了，妳此
時不是在排戲，就是遠離雅爾達、遠離我，可愛的小女孩。

當時，契訶夫和奧爾加的會面，主要取決於他與劇院方的會
見。由於這種關係，他開始寫出了《三姐妹》。他在信中對奧爾
加說：「我正在寫一個劇本，但願我在寫時心情不要太憂鬱，如
果真是這樣，那我就將它擱置到明年或我想再動筆的時候。」

奧爾加回信說：「安東，沒有你我太寂寞了。我恨不得馬上
見到你，親親你，看看你。我就像被拋在茫茫大海裡一樣。來
吧，我要全力以赴，以便使你心情舒暢，精神煥發，讓我的愛使
你一切都美好。你的愛也會使我一切都感到美好嗎？親愛的，親
愛的，我多麼想過完美的生活啊。」

奧爾加渴望過朝夕相處的完美生活，沒有這種生活會使她萎
靡。但契訶夫知道，他的後半生注定要在雅爾達了，他的病體把
他拴在了這裡，不能給她這種完美的朝夕相處的生活。

而奧爾加雖然也捨不得離開南方、太陽和契訶夫，但她得回
莫斯科去排戲啊！

這是契訶夫同樣感到苦惱的。而且契訶夫自己沒有完美充實
的生活同樣會萎靡。他們親密相逢之後再次別離所帶來的孤獨

遲到的婚戀

感，使這種過充實生活的慾望更加強烈了。

奧爾加一再催促契訶夫離開雅爾達來莫斯科相聚。她抱怨契訶夫是鐵石心腸，不願吐露真情：「我們非見面不可，你必須來，一想到你形單影隻在那裡胡思亂想，真是怕得要命。安東，我心愛的，我親愛的，來吧。難道你不想見到我嗎？難道你一想到把我們的命運連在一起，就心情沉重？到底怎麼回事，你寫信開誠布公地告訴我！」

契訶夫見奧爾加對他的愛產生了懷疑，連忙給她回信，先消除她的懷疑和指責，然後說：「我已經對你說過一萬次，也許今後仍將長久地說下去的那句話，就是：我愛你，再沒有別的了。如果說目前我們沒有住在一起，那既不是你的錯，也不是我的錯，而是那個惡魔 ── 侵入我肌體的桿菌以及在你心中對藝術的熱愛。」

12 月 23 日，契訶夫終於來到莫斯科，下榻在莫斯科一家旅館，每天到藝術劇院去看排練或演出。奧爾加在排練的空閒時間總是急急忙忙地趕到旅館去看契訶夫，帶去糖果、鮮花、香水等物。在桌上放了茶飲，預備了切得薄薄的麵包，抹上奶油和蜂蜜。

契訶夫看著她在身邊來回忙碌，活像一個家庭主婦，可是他仍然不向她求婚。他對這種自由的、不公開的熱烈的愛情感到滿意。

一週之後，契訶夫的身體又受不住那裡潮溼陰冷的氣候，便離開莫斯科，去尼斯和義大利做了 3 個月的旅遊。回來以後又住

在雅爾達，繼續修改劇本《三姐妹》。他仍像過去那樣幾乎是每兩天給奧爾加寫一封信，那口氣總是十分溫柔親切的，可是從不談結婚的事。

1901 年 4 月，藝術劇院帶著《三姐妹》去聖彼得堡巡迴演出，契訶夫向奧爾加提出，在演出結束後去雅爾達相會：「我從國外帶來給妳一些很好的香水，妳必須在復活節前到我這裡來取。妳一定得來，我的親愛的，我所愛的人。如果妳不來，那就深深傷了我的心，就會把我害死了。我現在已經開始等妳，一天一天地數著日子，一小時一小時地數著時辰。寫信給我吧，沒有妳，我就什麼都完了。如果丹欽科派你在復活節前一週裡排戲，那麼就去告訴他，說他可惡，說他像一頭豬。」

但奧爾加不同意，她在給契訶夫的信中寫道：「我很想到你那裡去，但我們不能僅僅以像現在這樣的朋友的關係相處，這你是知道的，這種躲躲閃閃我已經厭倦了。這使我感到難過，非常難過。我要結婚，就在莫斯科完婚！我考慮成熟了，不能再等！」

這一次，契訶夫明白了，他感到如果為了恪守獨身自處的原則堅持不結婚，可能失去他第一次鍾情的女子，犧牲一生中最後的歡樂，也毀滅了他心愛的奧爾加的終生幸福。難道結婚以後就不能保持寫作所需要的寧靜心境嗎？他經過反覆思考，終於妥協了，3 月 16 日，他給奧爾加的信中說：

> 好，我答應妳，妳可別後悔。我四處奔波，疲憊不堪，我未老先衰。說起來，妳會覺得我像一位老爺爺，而不像丈夫。我已經完全放棄了我的文學事業，我們結婚以後，妳也應該離開舞台，我們一

遲到的婚戀

起過田園生活。如果妳不願意，那麼就再演 5 年戲，以後再說。

如果妳執意要結婚，我有個要求：5 月初我去莫斯科。只要妳答應，在我們的婚禮結束之前，莫斯科不會有一個人知道這一消息，那麼我在到達的當天就可以跟妳結婚。不知道為什麼，我十分害怕舉行婚禮，害怕人們前來道喜，手舉盛滿香檳的酒杯，對人茫然地微笑。

5 月 11 日，契訶夫抵達莫斯科，16 日去檢查身體。他的病情大大惡化了，肺結核擴散了。

結論確實令人震驚，無論雅爾達還是尼斯的療養都未能阻止病情的發展，相反，仍然在惡化、惡化，迅速地惡化，身為醫生的契訶夫，自然明白病情的致命性。他清楚自己殘留的生命已經不長了。

1901 年 5 月 25 日，年滿 41 歲的契訶夫和奧爾加在莫斯科一個小教堂舉行了婚禮。

事先，不但契訶夫的朋友、奧爾加的劇院同事不知道，就連雙方的家人，包括關係最密切的瑪麗雅也不知道。而雙方的證婚人是必不可少的，奧爾加一方是她的哥哥和叔叔，契訶夫一方則是兩個陌生的大學生。

婚禮後，新婚夫婦立即去奧爾加的母親那裡，向她告別，便從那裡直接去車站，登上了開往尼日尼諾夫戈羅德的列車，這是他們旅行結婚的第一個目的地。

遵照那位休羅夫斯基大夫的建議，契訶夫決定到烏法州的療養院去，他需要接受馬奶酒的治療。動身之前，契訶夫拍了電報給在雅爾達的母親：

親愛的媽媽，請為我祝福吧，我已成婚。一切仍像過去一樣。我
　　去接受馬奶酒治療，我身體已見好轉。

　　烏法州療養院是一個風景優美的地方，是一個療養的好去
處，只是太閉塞。經過一個多月馬奶酒的治療，契訶夫身體好了
一點。但他對療養地厭煩起來，於是在 7 月 1 日提前出院，和奧
爾加一起回雅爾達。

　　蜜月結束後，夫妻兩個人彼此約定：婚後暫時分居，各自進
行自己的工作，每完成一個劇本，就到火車站候車室見面。

　　8 月，奧爾加離開雅爾達返回莫斯科。以後，只有夏天的幾
個月他們能住在一起，其他時間，只能用寫信來撫慰彼此的心
靈。他們的信件極多，幾乎每天一封，一旦沒有接到對方的信，
就瘋狂地打電報詢問理由。

投入革命風暴

　　契訶夫在高爾基的影響下，對社會問題和政治問題產生了濃厚的興趣，在醞釀《三姐妹》時，為了適應表現革命前夜國內出現的新情緒，必須尋找新的情節，新的寫作風格和新的藝術表現手法。他曾經對高爾基說：「我正在創作一部巨著，我感到現在不應該像從前那樣去寫，不應該寫從前那些東西。應該用另一種方式，寫另外的題材，寫另外的具有嚴正、誠實品格的人物。」

　　在多幕劇《三姐妹》中，契訶夫就傳達出了帶有預見性的話：「到那時候，一個龐然大物將向我們奔來，一場大風暴正在醞釀著，大風暴即將來臨，將以迅雷不及掩耳之勢橫掃我們社會的游手好閒、冷漠無情、鄙視勞動、腐敗墮落，再過 25 年或 30 年，做事的將是每一個人，每一個人！」

　　契訶夫已經感到暴風雨臨近的氣息。謝・葉爾帕季耶夫斯基說：「昔日的契訶夫已經不存在了，暴風雨前的俄羅斯，掀起了洶湧澎湃的浪潮，契訶夫也成了弄潮兒。曾經不問政治的契訶夫，以另一種方式全身心地投入了政治。曾經充滿悲觀主義、懷疑主義情緒的契訶夫相信，不是再過 200 年將過上美好生活，正如他的作品的主角所說：這樣的美好生活在俄羅斯已日復一日地近了。眼看著現在全俄羅斯正沿著新的、光明的、歡樂的方向前進。於是，他完全成了另一個人，生氣勃勃、精神飽滿。他的風度不一樣了，聲調也變了，給人全新的感覺。」

19 世紀末，歐洲爆發了工業危機。這一危機很快便蔓延到俄國。1901 年至 1903 年間，俄國有 3,000 多家企業倒閉，10 萬餘名工人失業。工業危機和失業的痛苦，使工人的抗爭具有了革命的性質。工人從經濟罷工轉到政治罷工，舉行遊行示威，提出民主自由的政治要求和「打倒沙皇專制制度」的口號。

俄國社會生活中，接連發生了預示著革命風暴臨近的風起雲湧的學生運動和群眾運動。

政府當局採取了殘酷鎮壓的手段。1901 年 1 月，基輔大學學生被判處充軍。沙皇政府這一反動措施導致了 2 月和 3 月聖彼得堡學生的兩次罷課和聲勢浩大的遊行抗議。

3 月 4 日，遊行隊伍到達喀山教堂附近時，慘遭政府當局的野蠻鎮壓。繼而開始了大規模的逮捕。在被捕者當中還有高爾基和俄國數學家波謝。

獲悉這一慘痛消息以後，契訶夫十分憤慨。不僅是因為他的好友高爾基遭到不幸，更主要是對俄國專制制度專橫的、野蠻的政策的強烈不滿。他越來越對政府當局採取敵視態度。

高爾基本來就患有肺病，在獄中病更加重了。後來由托爾斯泰出面保護，高爾基才被釋放出獄，但仍然沒有人身自由，時時刻刻都要受警察監視。

後來，高爾基離開故鄉到雅爾達附近來養病。尼日尼的革命青年群眾為高爾基舉行了盛大的歡送會，還在火車站舉行示威遊行，抗議政府對高爾基的迫害。當高爾基乘坐的郵車開走後，群眾又湧向市中心，在一條主要街道上舉行集會，其聲勢之大是官

投入革命風暴

方所沒預料到的。

列寧針對這件事，在《火星報》上發表文章評論說：

11 月 7 日尼日尼這次規模不大然而是成功的示威，是為了給高
爾基送行而舉行的。專制政府不經審訊，就把這位全歐聞名的作
家驅逐出他的故鄉，這位作家的全部武器就是自由的言論。

僅僅幾年的時間，契訶夫的身體就越來越虛弱，越來越離不
開手扶椅了。他經常過著病榻生活。在他極端困難的情況下，他
以對革命即將來臨的信念，以其新的藝術思想和無比堅強的毅
力，創作了《三姐妹》、〈沒出嫁的新娘〉和《櫻桃園》這些反
映時代精神的作品。在自己的作品中反映他的政治思想傾向外，
契訶夫對當時現實的政治抗爭既表現出濃厚的興趣，又表現出鮮
明的態度，而且付之於行動。

隨之而來的是震驚世界的「高爾基事件」。這也是困擾契訶
夫的，考驗他的政治立場的一個大事件。

還在 1899 年 2 月，契訶夫就和托爾斯泰、柯羅連科、詩人
任姆丘日尼科夫被選為科學院名譽院士。

1902 年 2 月，高爾基和著名戲劇家蘇科沃·科貝林，以優美
的文學創作被選為科學院名譽院士。當時，高爾基住在離雅爾達
不遠的加斯普拉，契訶夫高興地前往向他表示祝賀。

高爾基因參加和支持學生運動被捕以後，關於他的名譽院士
的選舉，在統治集團內引起了不滿。

3 月 10 日，科學院院長以科學院的名義搞出了一個官方聲
明，聲明說：「科學院不知道高爾基在學生運動中構成了政治

罪。因此，宣布選舉無效。」

契訶夫得知這個決定以後，感到無比震驚和憤怒。他向科學院提出恢復高爾基名譽院士的要求，但是等了許久不見回音。

契訶夫最後相信，這事已經無可挽回了。於是他想對政府當局迫害文學家的行為明確表示自己的立場。他第一次在道義上感到有必要參與政治抗爭。

3月14日，柯羅連科致函契訶夫，對沙皇政府的卑劣行徑表示憤慨。4月，契訶夫約請柯羅連科前往雅爾達，共同商討對付「高爾基事件」的辦法。5月，柯羅連科應約來到雅爾達。

1902年8月25日，契訶夫寄出了一封請求辭去科學院名譽院士的信函給俄國科學院院長：

> 2月時，別希科夫當選為名譽院士，我是第一個把他當選的消息帶給他的人，我也是第一個慶賀他的人。不久以後，報上披露：由於別希科夫的政治觀點，依據法令，撤銷了他的當選。我認為這件事前後矛盾，與我的良心不合，我不能勉強我的良心同意這件事。法令雖然我已經研究過了，卻不能使我信服。經過深思熟慮，我只能得出這樣一個結論，對我是極痛苦和令人遺憾的結論。這就是十分恭敬地請你撤銷我的名譽院士的頭銜。

同一天，契訶夫寫信給柯羅連科，向他通報了這件事。柯羅連科完全同意契訶夫的行動，並採取了同樣的辦法，對沙皇政府表示抗議。

契訶夫的辭職信被各祕密報紙刊載，並且很快傳到國外。大部分俄羅斯知識分子贊同契訶夫和柯羅連科的行動，對他們給予了很高的評價。契訶夫的聲望越來越高了。他原來留在人們思想

投入革命風暴

上的「不可救藥的悲觀主義者」的形象，已被為國家光明的未來，為反對沙皇政府的專制統治而抗爭的戰士形象所代替了。

契訶夫討厭意志薄弱、萎靡不振的人。欣賞腳踏實地、勇敢進行抗爭的人。在他的作品中，暴風雨臨近的旋律越來越高昂，他對懷著「過 200 年，生活將變得更好」的美妙幻想，卻不能為這個更美好的明天的到來而抗爭的自己的那些主角的諷刺更加尖刻。

契訶夫對他周圍的那些言行不一、意志薄弱的人，尤其對他周圍的那些高談闊論、不做實事、性格軟弱的知識分子感到痛心。他一方面責備他們，而且隨著時間的推移，責備得更尖刻；但同時仍然跟他們在一起，希望他們變好。

所以他不僅批評那些人的弱點和缺陷，而且努力激發他們心靈中美好的一面，使他們相信自己，相信光明的未來。他這種想法總是透過自己的作品反映出來。契訶夫對自己筆下的那些主角感到氣惱，他們只是奢談暴風雨和幸福美好的生活即將到來，但是他們不了解抗爭的道路，不了解通向未來的道路。

他不光是給以嘲諷，而更主要的是號召他們拋棄軟弱性，去尋找這種道路。

俄羅斯革命前夜，聖彼得堡形勢活躍期間，謝·葉爾帕季耶夫斯基從那裡回來時，契訶夫當天迫不及待地打電話給他，叫謝·葉爾帕季耶夫斯基刻不容緩地馬上到他那裡去，他有一件非常重要的不能遲延的事。

原來，這件極其重要的、不能遲延的事，是他焦躁不安、心急如焚地想要立即知道莫斯科和聖彼得堡的情況。不是從前那樣

單方面地向謝‧葉爾帕季耶夫斯基了解文藝界的活動，而是政界的動向，革命運動的形勢。

當謝‧葉爾帕季耶夫斯基為那時所發生的一切感到迷惑不解，表現出些許懷疑態度時，他激動起來，並帶著激動的、斬釘截鐵的口吻對謝‧葉爾帕季耶夫斯基說：「你怎麼能這麼說呢！難道你沒有看見，一切都在動，從上到下都在動！社會在動，工人也在動！」

契訶夫在談到自己的文學創作時，總是很嚴肅的。他出乎意料地把一本手稿遞給謝‧葉爾帕季耶夫斯基說：「啊，我剛剛寫完。我希望你能把它通讀一遍。」

謝‧葉爾帕季耶夫斯基把手稿看了一遍，那就是短篇小說〈沒出嫁的新娘〉。這篇小說一改過去愁悶憂鬱的調子，給人全新的感覺。很明顯，契訶夫的整個情緒發生了驟變！在他一生的藝術里程中開始了他創作的新時期。

作家捷列紹夫說：「契訶夫常常談到那不可避免和即將在俄國爆發的革命。」

另一位作家韋列薩耶夫也證實：契訶夫對社會政治問題表現出濃厚的興趣，使我感到十分意外。過去都說，他是一個完全不問政治的人。單是他跟那種人，如《新時代》的出版商蘇沃林的友誼，就叫人憤慨。而現在，他完全是另一個人，那時輝映在整個俄羅斯上空的革命閃電，使得他興奮不已。

最後的戲劇傑作

　　1901 年 2 月，《三姐妹》在莫斯科首次上演後，契訶夫就想再寫個劇本。他寫信給奧爾加說：「我經常都有為藝術劇院寫一出 4 幕通俗笑劇或喜劇的強烈願望。我將要寫出的下一個劇本一定是可笑的，非常可笑的，至少構思是這樣。」

　　他想借此劇改變人們把他的劇本曲解為「反映俄國令人痛苦的沉重生活的淒淒切切的悲劇」的看法。契訶夫差不多把喜劇解釋為樂觀向上的同義語。

　　但是，由於寫〈沒出嫁的新娘〉精力耗損過大，他很想休息一段時間，恢復元氣。然而，一些讀者期待他寫出新的引人注目的戲劇作品。他理解讀者的心情，他為不能滿足他的崇拜者的願望而深感不安。覺得自己已經跑到了終點。

　　奧爾加從莫斯科來信，總是要他再寫一個劇本。斯坦尼斯拉夫斯基和丹欽科也附和著奧爾加，他們把劇院的成就總是寄託在作家身上：

> 我覺得自己總是留戀難捨地傾心於你的筆觸之下所產生的那種合乎我心意的曲調。如果你的歌停止了，那麼我的精神生活也就要中斷。我的話說得有些誇張，但你知道，這是出於一片真誠。請採納我的意見吧！希望你振作起來，運用你所熟悉的那些描寫人物心理的手法，發揮你的美妙如詩的才能，完成你的劇本吧！
> 儘管我們一天天變老，但我們不會拒絕能使心靈得到滿足的東西。我覺得，有時你彷彿在暗自思量，以為自己已無用，請相信

我，充分相信我的話吧，你完全錯了。而且不說我們這一輩人，就連年輕的一代也很需要你的新作。我是多麼希望能夠在你身上激發這種信心啊！

契訶夫的責任感也使他不能放下紙筆，就此罷休。實際上他早已在醞釀寫一出新劇，並累積了一些素材，只是沒有告訴任何人。

後來，〈沒出嫁的新娘〉脫稿後，他想趁創作激情未消，全力寫作新劇，並構思完成了劇本的主題、人物和框架，定名為《櫻桃園》。

這齣戲的寫作對契訶夫來說，有更多的困難。它與寫小說不同，劇中臺詞、人物對話的個性化，相互銜接，都很費腦筋，更主要的是它完全寫的是新題材，新人物，所以進展很慢。

同時，氣候和病痛為契訶夫帶來很大干擾。有時，一天裡只寫幾行，他就支持不住了。望著書桌上攤開的手稿，他異常痛苦。他不僅咳嗽、咯血，而且常常頭痛，還有突發性的心跳間歇和痔瘡等病。他的咳嗽越來越厲害，經常通宵不斷。

母親在隔壁聽得清清楚楚，她也和兒子一樣徹夜未眠。有時母親或瑪麗雅看到契訶夫閉著眼靠在沙發上，就不安地問：「不舒服嗎？安托沙？」

契訶夫睜開眼睛，平靜地回答：「沒什麼，就是頭有點痛。」

這年雅爾達氣候惡劣，狂風怒號，樹木都被吹彎了。屋裡陰冷，契訶夫只好來回走動。他試著在臥室寫，後背被火烤得很暖和，可是前胸和兩臂還是冰冷的。他抱怨這是一種「充軍式的生活」。

最後的戲劇傑作

契訶夫在雅爾達感到孤獨和寂寞，他想念藝術劇院，想念莫斯科，他在信中向丹欽科說：「這裡沉悶得真可怕，工作時還感覺不到，可是一到夜晚憂鬱便湧上心頭。在你們演完第二幕戲時，我已經上床了。早晨醒來一看，天還是黑的。你想像一下風不停地呼嘯，雨點打在窗上的那幅情景。」

他很想到莫斯科去完成《櫻桃園》的創作，但醫生不允許他外出旅行。他便寫信給奧爾加，要她請假到雅爾達來。但奧爾加要隨團去聖彼得堡巡迴演出，脫不了身。他們兩人都沒有行動自由。

他只好隻身一人留在海邊城市。天氣晴朗的時候，他便去庭院裡走動，帶上兩隻狗，查看一下樹木，看僕人修剪玫瑰樹枝，然後坐在一條長凳上凝視大海，沉思默想。

那時高爾基、布寧和庫普林又來到雅爾達，時常到別墅跟他閒談，為他解悶。他的情緒仍然不好，聽朋友談話時總是心不在焉、臉色灰暗、神情呆滯，再沒有過去的那種對生活的溫馨和對朋友的熱情。他給奧爾加寫信，抱怨來訪的客人多，待的時間太長，他恨雅爾達，恨那些不知趣的來訪者。

這年 7 月，契訶夫和奧爾加在一位好友位於莫斯科郊區的別墅裡度過了兩個月後，回到了雅爾達，又開始緊張的創作。他決定 10 月分完成《櫻桃園》，以便在下一個戲劇節上演。

雅爾達這時正是明媚的春天，別墅裡到處花團錦簇，姹紫嫣紅，麗日臨空，海風習習。但家庭中卻沒有春天那樣和諧優美。奧爾加任意支配著丈夫的生活，命令他每天換衣，監督他的飲

食，強迫他每天洗一次冷水浴，斷言冷水浴可以使他身體強健。

　　瑪麗雅和母親總是以責備的目光注視著這種溫和的家庭專制。奧爾加則向契訶夫抱怨，說她一來就有那麼多的麻煩事。

　　藝術劇院不時給奧爾加寫信，詢問劇本寫作進展情況。奧爾加不僅在日常生活方面指揮契訶夫，而且總是站在他身後，督促他寫作，嘮叨藝術劇院秋季要上演。

　　契訶夫寫信給劇院表示歉意，說劇本還未寫好，進展很慢，原因是自己懶惰，天氣誘人和主題困難，而絲毫沒有提及健康原因。

　　其實，這時他的病還在惡化，身體繼續虛弱下去。奧爾加走後，有時竟兩三天臥床不起，不能動筆。稍微輕鬆一點，他就硬撐著提起筆來。但每天仍只能寫幾行字。他給奧爾加寫信說：

> 我很拖拉，實在拖拉，正因如此，我才覺得寫劇本真是一件龐大工程，它使我恐懼，我簡直無能為力。

10月12日，契訶夫終於舒了一口長氣，並立即寫信給奧爾加：

> 親愛的，你我的長時間忍耐萬歲！劇本完成了，全部完成了。明天晚上或者最遲14日早晨即將寄到莫斯科，同時我還要寄給你一些註釋之類的東西。這個劇本最糟的不是一氣呵成，而是斷斷續續寫了很久很久，因而不能不使人感到有點拖，寫戲對我是多麼困難啊！

　　奧爾加正望眼欲穿地等著丈夫的劇本，那天劇本手稿寄到時，她還沒起床。她在床上用顫抖的雙手把它拆開，畫了3次十字，一口氣讀了下去，貪婪地彷彿要將它吞掉。

最後的戲劇傑作

奧爾加在淚流滿面中讀完了劇本，她滿意得不得了，馬上捧著劇本跑到劇院。

演員們聽說劇本寄來了，頓時圍攏上來。大家關好門，圍坐在丹欽科身邊，帶著虔誠和神聖凝神靜聽他朗誦劇本。

莫洛佐夫遲到了，他懇求把劇本借給他看一個晚上。

5天以後，丹欽科給契訶夫發去電報，稱《櫻桃園》是他最優秀的劇本，也是最新穎、最有特色、最富詩意的作品：

我剛剛讀完您的劇本，深感震驚。直至此刻尚未完全清醒過來。我發覺自己處於前所未有的陶醉狀態中。我認為這是您的全部傑作中最精彩的一部。我由衷地慶賀天才的劇作家。每句臺詞都使我有所感受，讓我覺得珍貴。感謝您使我每讀一遍都能得到精神上的最大享受。

隨後，斯坦尼斯拉夫斯基也拍去電報，說：

全院聽完您的劇本，劇本獲得極大的、光輝燦爛的成功。聽眾從第一幕就被吸引住。每一個細小的地方都耐人尋味。我的妻子跟大家一樣十分喜愛它。還沒有一部戲像它這樣被我們一致快樂地接受。這個劇本比你寫過的所有優秀的作品更勝一籌。謹向天才的作者致以衷心的祝賀。

該劇是講一座古老的莊園，莊園主人朗涅夫斯卡雅和他的哥哥夏耶夫瀕於破產，宅地將被剝奪，而他們卻各自沉湎於幻想，耽於音樂，不去做任何實事以擺脫困境。

他們留戀在這所鄉間別墅度過的時光，留戀住房和櫻花，無憂無慮，但他們沒有保住那些珍貴東西的計劃，不願作出任何決

定，總是把不喜歡做的麻煩事推向明天，甚至不願去看望他們很富有的姨媽，而把希望寄託在出現一個擺脫煩惱的偶然機會上。

兩位年輕人阿尼婭和特羅菲莫夫則興高采烈地迎接櫻桃園的破產。在櫻桃園的拍賣最後決定之時，他們正在舉行聯歡會，大家把變賣財產的陰影置諸腦後，飲酒尋歡，樂而忘憂。地產的買主陸伯興是一位粗暴、果斷、務實的商人，他是「一個看見什麼就吞什麼的吃肉野獸」。他計劃把櫻桃樹通通砍掉，把地皮分成幾塊，然後蓋上別墅出售。

莊園出賣了，櫻桃樹被砍了，過去的一切全都過去了，代替它的將是全新的生活。

這個劇本之所以說是最新穎、最有特色、最富詩意，是因為低沉的悲劇主題和輕鬆的喜劇人物形成了鮮明的對比。而且它與契訶夫的其他劇本相比，這齣戲雖然缺乏情節，但卻產生出悲劇性的緊張氣氛，寓意深刻、冷漠無情的日常對話帶來的魅力深深打動了觀眾，他們不再希望出現任何新的高潮，甚至擔心發生什麼突然事件打擾外省生活的寧靜，都有一種「但願櫻桃園不要被賣掉」的心情。

契訶夫以細膩的、溫和的諷刺和出色的抒情方法，賦予了全劇特別的情調。他也成為抒情喜劇、社會輕鬆喜劇獨特風格的創造者。

劇本《櫻桃園》受到藝術劇院的極高的評價，使契訶夫的焦急不安的心情稍有些緩解。

他很擔心，由於自己遠離莫斯科，他的劇本會不會被別人做

最後的戲劇傑作

出錯誤的理解而搞得面目全非。演出的成敗對他有著直接的影響，但他又不能參加上演前的準備工作。

他在給奧爾加和斯坦尼斯拉夫斯基的信中，表明了自己對導演、布景和人物心理分析方面的意見，並提出演員陣容的建議名單。但他也知道，如果他不在場，別人是不一定聽他的建議的。

契訶夫急於要去莫斯科。但是，醫生阿爾特舒勒再次命令他取消一切活動，因為他的身體健康急遽惡化，穿衣都累得氣喘吁吁，一件大衣穿在身上都感到難以支撐。在花園裡走上幾步就會氣喘、耳鳴、心跳，只得停下來。坐下寫作，時刻要停筆，胸部被咳嗽震得像要破裂一般。用餐時，一看見食物就噁心。

1903 年 12 月 2 日，契訶夫瞞著阿爾特舒勒，偷偷地急匆匆地起程上路了。當阿爾特舒勒醫生發覺後，心急如焚，高喊：「這簡直是自我毀滅！」

契訶夫到達莫斯科之後，立即參加了《櫻桃園》的彩排。正如他所預料的，劇院在對劇本的精神實質理解方面與其發生了根本分歧。

契訶夫多次申明他寫的是一出喜劇，甚至是一出「笑劇」。並一再強調：「最後一幕戲必然是歡樂的，整個戲都是歡樂的，不管我的這個劇本多麼枯燥，它裡面總有些新東西。順便說說，在整個劇本裡沒有一聲槍響。再說一遍，我把這個劇本定為喜劇，喜劇！」

而斯坦尼斯拉夫斯基則認定是一出社會悲劇，認為劇本再現了農村小貴族階層在新興的庸俗的頑強而又膽大妄為的資產者面

前日益走向沒落的悲慘結局。他認為此劇的表演「不應該讓人發笑，相反，應該讓觀眾哭泣」。

契訶夫生氣了，他向斯坦尼斯拉夫斯基解釋自己的構思和劇本內在的精神實質。最終劇院認識了自己的錯誤，雙方定下基調：喜劇是對悲劇的諷喻，是喜劇性的。

在彩排期間，契訶夫參加了劇院的新年宴會。宴會結束後，人們把桌椅拉開，開始跳舞。

高爾基和契訶夫坐在一旁。契訶夫不斷逗樂，高爾基大笑不止，以至兩人都咳嗽起來。契訶夫微笑著說：「人們也許會說，兩位作家彼此用有滋有味的咳嗽愉快地度過了一個美好的夜晚。」

《櫻桃園》的首演被定於契訶夫生日的前夕，1904 年 1 月 17 日。莫斯科文藝界和藝術劇院早就計劃舉行契訶夫創作 25 週年紀念活動。正巧 1 月 18 日又是契訶夫的 44 歲生日。於是斯坦尼斯拉夫斯基決定把三大活動，即《櫻桃園》首演式、作家誕辰和從事創作 25 週年結合在一起進行。

確定的日期臨近了，需要考慮慶祝會的開法和給契訶夫贈送禮物的事。這是一個難題。斯坦尼斯拉夫斯基派人跑遍了所有的古董商店，但是除了華美的刺繡和珍貴的紡織品外，一無所獲，只好用刺繡品做一個花環送給他。

他們決定在《櫻桃園》第三幕與第四幕之間的休息時刻，安排一些演講與贈禮。於是，當天許多文學界、戲劇界與學術界的顯要人物都帶著禮品與讚揚詞的草稿，前來藝術劇院。

最後的戲劇傑作

《櫻桃園》首演式開始，第一二幕演出的效果都很好。但正在這時，他們卻發現契訶夫根本不在劇院裡。這不僅僅是因為身體原因，主要的原因還是契訶夫不願接受任何官方的榮譽；每次遇到類似的場合，由官方頒獎給某某人時，他都覺得很尷尬。何況這次輪到自己呢！後來維思洛夫斯基教授親自登門，許多朋友又費了好大的力氣，才勉強使他離開住所來到劇院。

第三幕接近結束時，契訶夫被請到臺上。喜劇演員和莫斯科主要文學團體的代表都已聚集到那裡。

契訶夫站在第一排，眼前的大廳裡座無虛席，人們向他狂熱地鼓掌歡呼。其中有許多人先前並沒有見過契訶夫，但卻熱愛他的作品，現在更是欣喜若狂了。

觀眾看到自己愛戴的作家臉色慘白，不停地咳嗽，心裡十分難過，紛紛向他呼喊：「您快坐下來！」「快拿椅子來！」

可是契訶夫皺了皺眉，繼續站著，他覺得這是最起碼的禮貌。他顯得又高又瘦，兩隻手不知放在哪裡才好。

慶祝儀式開始了，首先是贈送禮品、花束和花環，接著是致祝辭。

首先是維思洛夫斯基教授講俄國文學，接著女明星費度托維代表莫斯科小劇院致辭；此外，還有不少報紙雜誌的代表讚美契訶夫的成就，因為他的文稿在他們的刊物上發表過。從全俄四面八方送來的賀信和賀電，也在會上宣讀，稱譽他的作品的永恆的意義，以及他對俄國文學和俄國社會作出的巨大貢獻。

最後，丹欽科在賀詞中說：

我們的劇院對你的天才、你的慈愛的心、你的純潔的靈魂的感激
已達到這樣的程度，以至於你有權利說：「這是我的劇院，這是
契訶夫劇院！」

那些頌揚備至的講話持續了將近一個小時，面無血色的契訶
夫一直堅持站立在強烈的燈光照耀下。當最後一次喝彩結束時，
契訶夫已疲憊不堪，他連一句感激的話也沒有說就離開了。

斯坦尼斯拉夫斯基在談到契訶夫對莫斯科藝術劇院的意義時
說：「我們不能沒有契訶夫，正如不能沒有普希金、果戈理、格
里鮑耶陀夫、謝普金一樣。這是支撐我們藝術殿堂全部重量的主
要支柱。從這些主要支柱中抽出一根，建築物就會倒塌，那時就
只有等待新的契訶夫們來重新建築了。」

紀念會開得很隆重，但是卻沒有人感到真正的快樂，大家的
心情都很憂鬱。雖然場面確實是轟轟烈烈的，但是就連最呆鈍的
觀眾當時也可以看出來，契訶夫為此感到身心俱疲，給人留下了
沉重的印象，好像有點是舉行葬禮的氣氛。

英年早逝

在莫斯科度過一個愉快的冬天之後，契訶夫於 1904 年 2 月回到雅爾達。但他又患了胸膜炎，經過兩個多月的治療、調養才有所好轉。

這時，大哥亞歷山大帶著妻子、小兒子和奶媽，來克里米亞渡假一個月，就住在鄰近的別墅裡。契訶夫高興地看到，亞歷山大不再酗酒，也不再胡言亂語，而是恢復了早年的英姿，他說話很有趣。

1904 年的春天來到了，《櫻桃園》演出成功的喜訊頻頻傳到雅爾達，但對契訶夫的身體健康於事無補。契訶夫看完演出之後，他一下子變得無所事事，就像劇中人所說的：日子飛快地過去了，而生活好像還沒有開始。

4 月 20 日，契訶夫在日記中寫道：

> 我又患腸功能障礙和咳嗽，而且已經持續了幾週；我覺得這一切
> 多半是此地氣候造成的，這種氣候我既喜歡又蔑視，就像既喜歡
> 又蔑視那些漂亮但下流的女人一樣。

雖然病情加重但他仍像過去那樣，密切注意著國內發生的事件，憂慮地關懷著日俄戰爭的發展。如果健康允許就赴前線當醫生。他腦子裡盤旋著以後的寫作計劃，打算寫一些新的短篇小說，寫個劇本和一組通俗喜劇。快到開春時，他又盼著到莫斯科郊外別墅去。

5月3日，契訶夫又到了莫斯科，由於途中感冒，一下子又病倒了。經會診胸膜炎開始加重，胃部出現了不良症狀，腸道也受結核感染，奧爾加請來了自己的家庭醫生、德國人陶貝醫生，他建議契訶夫去德國巴登維勒療養。

奧爾加日夜守護著他，契訶夫剛能拿筆，就生寫信給斯列金醫：

> 妻子守候在生病的丈夫床前，我太幸福了。我從未見過這麼好的護士。這說明我結婚是件好事，好極了。否則，我真不知道現在會是什麼樣子。

契訶夫作為醫生，他對那不可避免的一切都清清楚楚。他決定採納陶貝醫生的建議。隨後，他與阿爾特舒勒返回雅爾達。去國外的準備工作開始進行，訂好了他自己與奧爾加去柏林的火車票。

朋友們紛紛前來祝賀他們一路平安。朋友們看到在短短幾個星期裡病人的外貌發生了很大變化，這使他們大為吃驚。

契訶夫穿著一件不是外套又不是長衫的衣服，坐在沙發上，頭和背靠著枕頭，腿上蓋著一條大絨布，枯瘦的面頰沒有一點絲色。

契訶夫對來看他的作家捷列紹夫伸出一隻蒼白得像蠟一樣的手說：「我明天就要走了，永別了，我將死在那裡。」

捷列紹夫安慰他說：「到了巴登維勒會慢慢康復的。」

從契訶夫的目光中，大家看出，他正以聽天由命的態度接受命運的安排。

英年早逝

當捷列紹夫準備起身告辭時，契訶夫喃喃地說：「請告訴布寧，他應該寫作，繼續寫作。他一定會成為一個偉大的作家。好了，別忘了把這些話轉告給他。」

6月3日，契訶夫和奧爾加離開莫斯科，6月5日抵達德國。

巴登維勒是一個小水城，位於黑森州的西部邊緣，距巴塞爾40公里。這裡恬靜清潔、景緻一般，對契訶夫來說則是個理想的療養地。

在巴登維勒最初幾天，契訶夫覺得好了一點。6月13日，他給母親和妹妹寫信說：「這裡陽光和煦，輕風拂面，太陽並不烤人。我的身體好多了，說不定再過一個星期就能痊癒。」

奧爾加看到丈夫的病情有所好轉，臉色也漸漸晴朗了，心中充滿了希望。

契訶夫對一直守著自己的妻子說：「你去牙醫那裡看看那顆火牙吧，我一個人就可以了。」

奧爾加高興地答應了。她看過牙醫之後，還到弗裡堡商店為契訶夫定做了一套白色法蘭絨西服。

但是一個星期以後，一股熱浪襲擊了巴登維勒，在沉悶、潮溼的天氣裡，契訶夫的病情出現反轉，他又心情煩躁起來，要求更換環境，於是搬到了療養地最高級的旅館索曼爾旅館。

6月28日，契訶夫感到精神好些，便靠在椅背上寫了兩封信。在給瑪麗雅的信中寫道：

> 此地突然大熱，我熱得喘不過氣來，幻想離開這裡，可是到哪裡
> 去呢？想到義大利的柯莫去，但那裡的人也紛紛跑出來避暑。歐

洲南部到處炎熱難忍。想乘船從特里斯特到敖德薩去，可是又不知在目前這種季節是否可能。

6 月 29 日傍晚，契訶夫的病情突然嚴重發作，為了維持心臟跳動，減輕疼痛，醫生給他注射了嗎啡，輸了氧。後來脈搏跳動恢復了正常，總算平安地度過了一夜。

第二天，疼痛再次發作，契訶夫苦不堪言。

7 月 1 日，又經過了一天的痛苦和不安之後，契訶夫似乎感覺好多了，心臟狀況良好，整天平安無事。傍晚時分，他叫奧爾加到旅館的花園去散散步，因為幾天來奧爾加一直守候在他的床前，她太累了。

奧爾加從花園裡回來，契訶夫問她為什麼不下樓去餐廳吃晚飯，她說還沒有敲鑼呢，其實鑼是敲過了，只是他們誰也沒有聽見。

於是契訶夫像往常一樣，手捻鬍鬚，臨時編造出一個故事來：

「在一個非常時髦和闊氣的療養地，前來觀光的有保養得很好的胖胖的銀行家和身強力壯、面色紅潤的英國人和美國人，他們都愛吃精美的食品。他們吃飽喝足之後就去遊山玩水，到郊區遊玩了一整天。晚上次來後，飢腸轆轆，食慾大振，興高采烈地回到旅館餐廳，希望累了一天可以美美地品嘗一頓美味佳餚。誰料廚師失蹤了，當天不供應晚餐。他們什麼也沒吃上，餓得受不了了，只好去吃豬食。」

故事還沒講完，奧爾加坐在沙發上，已經笑得直不起腰來了。經過 3 天的焦慮不安，這時才稍稍有所放鬆。

英年早逝

契訶夫漸漸入睡，臥室裡十分悶熱。他呼吸短促，但面部表情仍然很安詳。但剛過半夜，他就醒來了，突然要找醫生，這是他有生以來第一次向妻子提出這樣的要求。

霎時間，奧爾加感到事態嚴重，她一時不知所措，在這樣一個大旅館裡，住著的人很多，但都是陌生的，而且都入睡了。她感到孤立無援。她考慮了片刻，想起有兩個俄羅斯大學生也住在這個旅館裡，便趕忙去把他們叫醒。請一位去找醫生，自己去鑿冰、裝冰袋，好放在垂危的契訶夫胸口上。

在 7 月悶熱而寧靜的夜晚，她連那位大學生跑到遠處去的腳踩出來的「沙沙」響聲都聽得很清楚。

醫生來了之後，契訶夫告訴醫生：「我不行了，不必打發人去取氧氣，等氧氣取來我已經魂歸地府了。」

他又轉身對妻子說：「親愛的，你也不必把冰塊放在一顆已經枯竭的心靈上了。」

醫生立刻給他注射了一針樟腦劑，但是心臟仍沒有反應，於是醫生吩咐拿香檳酒來，契訶夫坐起來，接過酒杯，轉身對著奧爾加，帶著一絲苦笑說：「我很久沒有喝香檳了。」

他慢慢地喝乾了那杯酒，側身向左邊躺下，不一下就停止了呼吸。就這樣，契訶夫按照平時的簡單方式，結束了他的一生。

那是 1904 年 7 月 2 日，時鐘指向凌晨 3 時。一隻粗大的黑色飛蛾從窗外飛了進來，撲向油燈，在遺體周圍飛來飛去，打破了夜晚可怕的寧靜。

醫生對奧爾加說了一些安慰話以後便離去了。夜顯得更加寂

靜而悶熱，突然發出一聲巨響，把奧爾加嚇了一跳。原來是那瓶沒喝完的香檳酒的瓶塞繃了出來。黑色夜蛾又飛出敞開的窗戶，消失在悶熱的夜色中。

黎明終於到來了，大自然甦醒了，傳來了溫柔可愛的像是第一支輓歌的鳥雀鳴叫聲和附近教堂裡的琴聲。

奧爾加目瞪口呆，兩眼盯著丈夫那安詳微笑的面孔，好像他已經看破了紅塵。她說道：

> 「他再也聽不到人世間的任何聲音。沒有日常生活的喧鬧，只留下逝者的美德、寧靜和崇高的形象。」

過了幾天，契訶夫的遺體才轉運到莫斯科。那天，許多人聚集在尼古拉車站迎候護送契訶夫遺體的列車，他們中有契訶夫的朋友、大學生、教師、演員、文藝界人士。高爾基站在迎候人群的前面。

送葬的隊伍在行進中不斷擴大。人們脫帽致敬，在胸前畫著十字祝福。大學生們手挽手組成一堵人牆，阻止好奇的人湧上馬路。沿途的有軌電車及其他機動車都停止行駛。

7月9日，在藝術劇院和《俄羅斯思想》雜誌大樓前停下來舉行了簡短的宗教葬禮。契訶夫被安葬在新處女修道院，墓穴安排在他父親的墓側。

契訶夫的母親、妹妹和妻子悲痛萬分。當棺材放入墓穴後，人們安靜下來，大家唱起安魂歌，每人往靈柩上撒一把土。接著開始填坑，鮮花和花圈堆滿了墓穴，契訶夫就在這花海之下永遠長眠了。

英年早逝

　　第二天黃昏時候，親人們、朋友們去契訶夫墓地做禮拜。墳墓周圍，老菩提樹默默佇立，在陽光下顯示一片金黃。契訶夫的母親、妹妹和妻子奧爾加的說話聲裡帶著平靜的溫柔的悲痛和哀傷，所有到場的人的心裡都充滿無盡的悵惘。

　　契訶夫的母親在瑪麗雅和奧爾加的攙扶下，繞著墳墓走了一圈，向兒子再一次告別。這時作家庫普林走到她跟前，默默地吻了她的手。她用疲倦的微弱的聲音說：「天哪！安托沙離去了，這是我們多大的不幸啊！」

　　親人們參加完在莫斯科的葬禮之後，回到了雅爾達，奧爾加取出了早在 1901 年 8 月 3 日，契訶夫在他結婚兩個多月後就立下的遺囑：雅爾達的別墅、現款和戲劇作品的收入，留給妹妹。給妻子的是古爾祖弗一座不大的莊園和部分現款。此外瑪麗雅還得把部分現款分給亞歷山大、伊凡和米舍爾以及另外兩位親戚。

　　契訶夫還給妹妹寫道：

> 在你和母親百年之後，除劇本收入外，其他全部交由塔甘羅格支配，用於民眾教育事業開支。劇本收入則給伊凡，伊凡百年後，也交給塔甘羅格政府同樣用於民眾教育事業開支。我答應贈款 100 盧布給梅利霍沃的農民，用於修築公路。要幫助窮人，愛護母親，和諧度日。

　　直至臨終，契訶夫還念念不忘自己的故鄉。他對梅利霍沃也沒有忘記。

　　瑪麗雅被哥哥的信任深深感動，她擦乾眼淚，振作精神，決心把這座別墅用來紀念她親愛的哥哥，使它成為俄羅斯偉大作家

契訶夫的紀念館。

　　她親手布置每一間房間，使它忠實地反映出契訶夫當年的生活和工作情況。

　　契訶夫的英年早逝，是巨大的不幸，不僅對契訶夫的家人，對全俄羅斯人民、世界人民也是巨大的不幸。

　　然而，契訶夫的名字，將會與他的作品、他高尚的品格一樣永垂不朽！

英年早逝

附錄：契訶夫年譜

1860 年 1 月 17 日，誕生於塔甘羅格市。

1867 年，入希臘教會附屬學校，一年後退學。

1868 年，入塔甘羅格預備學校。

1869 年，入塔甘羅格古典中學。

1873 年，初次進劇院看戲，看了《美麗的葉蓮娜》。

1876 年，父親店鋪破產，全家遷莫斯科，獨自在故鄉讀中學。

1877 年，復活節的休假日第一次去莫斯科。試寫第一部戲劇。

1879 年，中學畢業，以「安托沙·契洪特」為筆名開始寫作。

1880 年 3 月 9 日，第一次公開發表作品：短篇小說〈一封給有學問的鄰居的信〉和幽默小品〈在長篇、中篇等小說中最常見的是什麼〉。同年考取莫斯科大學醫學院。

1884 年，出版第一部短篇小說集《梅爾帕米娜的故事》。大學畢業，獲醫學博士學位。開始在茲威尼哥羅德等地行醫。

1885 年 12 月，在聖彼得堡結識新聞界巨頭、《新時代》報社社長蘇沃林，並開始合作。

1886 年，被老作家葛里高樂維奇稱讚為「具有真正天才」。

1887 年 4 月，獨自離開莫斯科回故鄉塔甘羅格及頓涅茨大草原漫遊兩個月，第三、第四部短篇小說集相繼問世。榮獲「普希金獎金」。11 月 19 日，署名契訶夫的多幕劇《伊凡諾夫》在莫斯科首次公演。

1888 年，中篇小說《草原》發表，10 月，開始咯血。

1890 年 4 月，從莫斯科起程赴庫頁島旅行，7 月抵達，調查囚犯生活，10 月回程，12 月抵達莫斯科。

1891 年春，赴西歐旅行。遊歷義大利、法國。夏，在波基莫波田莊整理《庫頁島》。開始寫《決鬥》、《女人們》。

1892 年，在莫斯科郊區買下「梅利霍沃莊園」。創作了傑出中篇小說《六號病房》。

1893 年，發表速寫集《庫頁島》。

1895 年，探訪托爾斯泰。經典劇本《海鷗》完成。

1896 年，赴高加索之旅，在諾沃肖爾基村興建小學校。寫出《帶閣樓上的房子》、《我的一生》。

1897 年，肺結核病惡化，遷南方雅爾達療養，建諾弗塞爾基小學。寫多幕劇《凡尼亞舅舅》和小說《農民》、〈在故鄉〉、《馬車上》。1898 年，父親亡故。在雅爾達購地建新屋。12 月 17 日，《海鷗》在莫斯科藝術劇院演出成功。

1899 年，移居雅爾達。與蘇沃林決裂。《凡尼亞舅舅》上演。

1900 年，與高爾基會面。與托爾斯泰、柯羅連科一起被選為科學院文學部名譽院士。4 月，莫斯科藝術劇院來雅爾達辦戲劇節。與奧爾加確定愛情關係。年末病情惡化往尼斯避寒。

1901 年，《三姐妹》上演。5 月 25 日與奧爾加在莫斯科結婚。

1902 年，發生「高爾基事件」，與柯羅連科聯合致信科學院院長請求辭去科學院名譽院士以示抗議。短篇小說〈沒出嫁的新娘〉出版。

1903 年 3 月，《新娘》完成。作品 16 集出版。10 月 12 日，完成喜劇《櫻桃園》創作。

1904 年 1 月 17 日，《櫻桃園》上演，首演式上同時舉行契訶夫誕辰和從事創作 25 週年慶祝會。

1904 年 7 月 2 日晨逝世。葬於莫斯科諾弗·狄威哲墓地。

短篇小說冠冕契訶夫：

悲劇以哀鳴粉碎表象，喜劇以歡聲完整哀悼，短篇小說與劇作的天才

編　　著：鄧韻如，郭豔紅

發 行 人：黃振庭

出 版 者：崧燁文化事業有限公司

發 行 者：崧燁文化事業有限公司

E - m a i l：sonbookservice@gmail.com

粉 絲 頁：https://www.facebook.com/
　　　　　sonbookss/

網　　址：https://sonbook.net/

地　　址：台北市中正區重慶南路一段六十一號八
　　　　　樓 815 室

Rm. 815, 8F., No.61, Sec. 1, Chongqing S. Rd.,
Zhongzheng Dist., Taipei City 100, Taiwan

電　　話：(02)2370-3310

傳　　真：(02)2388-1990

印　　刷：京峯彩色印刷有限公司（京峰數位）

律師顧問：廣華律師事務所 張珮琦律師

定　　價：299 元

發行日期：2022 年 09 月第一版

◎本書以 POD 印製

國家圖書館出版品預行編目資料

短篇小說冠冕契訶夫：悲劇以哀鳴
粉碎表象，喜劇以歡聲完整哀悼，
短篇小說與劇作的天才 / 鄧韻如，
郭豔紅編著 . -- 第一版 . -- 臺北市：
崧燁文化事業有限公司 , 2022.09
　面；　公分
POD 版
ISBN 978-626-332-674-3(平裝)
1.CST: 契訶夫 (Chekhov, Anton
Pavlovich, 1860-1904) 2.CST: 作
家 3.CST: 傳記 4.CST: 俄國
784.88　111012891

電子書購買

臉書